KB041933

아두이노 IoT

상상을 현실로 만드는 프로젝트 with 블링크

YoungJin.com **Y.**
영진닷컴

아두이노 IoT
상상을 현실로 만드는 프로젝트 with 블링크

ISBN 978-89-314-6796-3

독자님의 의견을 받습니다

이 책을 구입한 독자님은 영진닷컴의 가장 중요한 비평가이자 조언가입니다. 저희 책의 장점과 문제점이 무엇인지, 어떤 책이 출판되기를 바라는지, 책을 더욱 알차게 꾸밀 수 있는 아이디어가 있으면 팩스나 이메일, 또는 우편으로 연락주시기 바랍니다. 의견을 주실 때에는 책 제목 및 독자님의 성함과 연락처(전화번호나 이메일)를 꼭 남겨 주시기 바랍니다. 독자님의 의견에 대해 바로 답변을 드리고, 또 독자님의 의견을 다음 책에 충분히 반영하도록 늘 노력하겠습니다.

파본이나 잘못된 도서는 구입처에서 교환 및 환불해드립니다.

이메일 : support@youngjin.com

주 소 : (우)08507 서울특별시 금천구 가산디지털1로 128 STX-V타워 4층 401호

등 록 : 2007. 4. 27. 제16-4189호

STAFF

저자 이준혁 | **총괄** 김태경 | **진행** 성민 | **디자인·편집** 김효정 | **영업** 박준용, 임용수, 김도현 **마케팅** 이승희, 김근주, 조민영, 김민지, 김도연, 김진희, 이현아 | **제작** 황장협 | **인쇄** 제이엠

이 책의 머리말

───

이준혁

2015년에 아두이노 입문편을 집필하고 많은 시간이 흘렀다. 당시 아두이노 입문편을 집필할 때는 국내 아두이노에 관심이 있는 사람이 그렇게 많지는 않았다. 하지만 현재는 학생부터 일반인까지 다양한 사람들이 여러 목적을 가지고 사용한다. 학생들의 경우 다양한 피지컬 프로젝트를 위해 아두이노를 사용하고, 일반인의 경우 DIY에서 실제 제품 개발에 이르기까지 아두이노를 활용하고 있다. 그런 점에서 필자도 아두이노 입문편에서 하지 못했던 이야기를 좀 더 나누고 싶었고, 그래서 다음으로 아두이노 실전편을 집필했었다. 그리고 이번에는 실전편에서 잠깐 다루긴 했지만, 사물인터넷에 집중한 내용을 다뤄보고자 한다. 사물인터넷도 마찬가지로 불과 몇 년 전까지는 피부로 체감하기 힘든 기술이었는데, 이제는 어느새 우리 일상으로 찾아와 많은 부분을 함께하고 있다. 예를 들어, 스마트 스피커를 활용해 사물인터넷으로 연결된 조명, 가전기기 등을 쉽게 제어할 수 있게 된 것이다. 그리고 이처럼 사물인터넷을 통해 제어할 수 있는 기기들은 날이 갈수록 늘어가고 있다.

솔직히 이미 오랜 과거부터 사물인터넷과 동일한 개념이 존재했다. 유비쿼터스 또는, M2M(machine to machine)이라는 이름으로 말이다. 하지만 현재의 사물인터넷처럼 많은 주목을 받지는 못했다. 그러면 왜 최근에는 사물인터넷이 주목받는 걸까? 당시에는 기술적인 개념이 성립되었어도 인터넷 인프라 환경이 많이 부족했던 반면, 현재는 사물인터넷을 구현하는 데 최적의 환경이 됐기 때문이다. 실제로 주위를 둘러보면 어느 장소를 가던지 인터넷에 연결할 수 있다. 유명한 공공장소의 경우에는 무료 WiFi를 사용할 수 있다. 인터넷 속도도 엄청나게 빨라졌다. 특히 최근에 서비스되는 5G 서비스의 경우 고해상도인 4K 영상을 실시간으로 볼 수 있을 정도가 되었다. 이와 동시에 생각지도 못한 많은 기기가 인터넷에 연결되어 제어할 수 있게 바뀌고 있다.

또한, 인프라뿐만 아니라 사물인터넷 기기나 프로젝트를 개발하는 것도 과거에 비해 진입장벽이 많이 낮아졌다. 하드웨어의 경우 Espressif의 ESP8266, ESP32와 같은 저렴하고 성능 좋은 WiFi 부품들이 많이 출시됐다. 하드웨어에서 돌아가는 소프트웨어인 펌웨어를 개발하는 경우에도, 아두이노나 다양한 오픈소스 프로젝트를 활용해 어렵지 않게 개발이 가능하다. 심지어 IFTTT나 이 책에서 소개하는 Blynk와 같이 사물인터넷 프로젝트를 쉽게 구현할 수 있게 해주는 플랫폼들이 늘어나서 일반인도 어렵지 않게 자신만의 사물인터넷 프로젝트를 구현할 수 있게 되었다. 이제 어떻게 만드느냐보다 사물인터넷을 통해 무엇을 만드느냐가 중요하게 되었다.

Blynk를 이용해 사물인터넷 프로젝트를 진행하는 이 책은, 기본적으로 아두이노 입문편을 읽었다는 전제하에 프로젝트를 진행할 예정이다. 입문편뿐만 아니라 실전편도 읽었다면 프로젝트를 진행하는 데 많은 도움이 될 것이다. Blynk는 퍼샤 베이버어로우딘(Pasha Baiborodin)이 만든 사물인터넷 플랫폼으로 킥스타터(Kickstarter)에서 캠페인을 성공적으로 진행해 투자를 받았다. 뒤에서 설명하겠지만 아주 간단하게 하드웨어를 연결하고, 원하는 것을 쉽게 제어할 수 있다. 아두이노, 라즈베리파이 등 메이커 프로젝트에서 많이 사용되는 웬만한 하드웨어를 모두 지원한다. 이 책을 쓰는 시점을 기준으로 현재 약 800억대의 하드웨어가 Blynk에 연결되어 있다. 이 Blynk가 여러분이 만들고 싶은 사물인터넷 프로젝트를 구현하는 데 큰 도움이 될 것이다.

마지막으로 이 책을 쓸 수 있게 해준 영진닷컴에 감사드린다. 또한 이번 책을 구성하기 위해 함께한 디바이스마트에도 감사의 인사를 전한다. 그리고 이번에도 어느새 많이 커버린 나의 아들 현성이에게 이 책을 바친다. 우리 아들이 쉽게 따라해야 한다는 생각으로 책을 집필했다. 마지막으로 항상 내 곁에서 든든하게 많은 걸 지원해주는 아내에게도 감사의 뜻을 전한다. 아내의 지원이 아니었으면 책을 편하게 못 썼을 거로 생각한다.

이 책의 구성

PART 01 :: 블링크 시작하기

쉽고 간단하게 사물인터넷 프로젝트를 만들 수 있는 블링크(Blynk)에 대해 알아보고, 블링크로 할 수 있는 것들이 무엇인지 살펴봅니다.

PART 02 :: ESP-01 사용하기

아두이노가 WiFi에 연결할 수 있도록 해주는 ESP8266 기반 ESP-01 모듈에 대해 알아봅니다. ESP-01을 아두이노에 연결한 뒤 예제 프로그램을 이용해 인터넷에 연결하고, 아두이노를 이용해 블링크에 ESP-01을 연결하는 방법을 소개합니다.

PART 03 :: 피에조 스피커 사용하기

아두이노에 피에조 스피커를 연결하고 블링크로 제어하는 내용을 알아봅니다. 우리가 사용하는 피에조 스피커는 파형을 만들어야만 소리가 나는 패시브 피에조 스피커이기 때문에, 단순히 LED와 같이 껐다 켜는 것이 아니라 파형이 출력되거나 멈추도록 해줘야 합니다.

PART 04 :: 삼색 LED 사용하기

아두이노에 삼색 LED를 연결하고 블링크로 세어하는 내용을 알아봅니다. 삼색 LED는 여러 색을 만들 수 있는 '빨강, 파랑, 초록' LED로 이뤄져 있고, 슬라이더를 이용해 LED를 아날로그 출력으로 제어해 원하는 색을 만들어 봅니다.

PART 05 :: 버튼 사용하기

아두이노에 삼색 LED를 연결하고 블링크로 제어하는 내용을 알아봅니다. 삼색 LED는 여러 색을 만들 수 있는 '빨강, 파랑, 초록' LED로 이뤄져 있고, 슬라이더를 이용해 LED를 아날로그 출력으로 제어해 원하는 색을 만들어 봅니다.

PART 06 :: 조도 센서 사용하기

아두이노에 조도 센서를 연결하고 블링크로 값을 확인하는 내용을 알아봅니다. 우선 조도 센서를 연결한 뒤 값 표시기를 이용해 값을 표시할 겁니다.

PART 07 :: 온습도 센서 사용하기

아두이노에 온습도 센서를 연결하고 블링크로 값을 확인하는 내용을 알아봅니다. 우선 온습도 센서를 연결한 뒤 값 표시기를 이용해 값을 표시할 겁니다.

PART 08 :: 일산화탄소 센서 사용하기

일산화탄소 센서는 화재가 발생하거나 가스가 누출되는 것을 감지할 수 있는 센서입니다. PART 08에서는 아두이노에 일산화탄소 센서와 피에조 스피커를 연결하고 블링크로 제어하는 내용을 알아봅니다.

PART 09 :: PIR 센서 사용하기

PIR 센서는 건물 계단 사이나 복도에서 사람이 지나가는 것을 감지해 불을 켤 때 많이 사용하는 센서입니다. PART 09에서는 아두이노에 PIR 센서를 연결하고 블링크로 제어하는 내용을 알아봅니다.

이 책의 목차

이 책을 보는 법

'아두이노 IoT, 상상을 현실로 만드는 프로젝트'는 상상을 현실로 만드는 프로젝트 유튜브 채널에서 저자가 직접 제작한 동영상 강의를 통해 좀 더 쉽고 재미있게 아두이노 IoT를 배울 수 있습니다.

주소 I https://bit.ly/2GbgmVL

도서 및 동영상 관련 문의 사항은 저자 이메일(neosarchizo@gmail.com) 또는, 영진닷컴 상상을 현실로 만드는 프로젝트 유튜브 채널에 언제든지 남겨주세요.

PART

01

블링크 시작하기

이번 파트에서는 쉽고 간단하게 사물인터넷 프로젝트를

만들 수 있는 블링크(Blynk)에 대해 소개하고,

블링크로 할 수 있는 것들이 무엇인지도 살펴봅니다.

그리고 블링크를 하기 위해 준비해야 할 것들이 무엇인지 알아봅니다.

또한, 블링크 안에서 사용하는 위젯들이 종류별로

어떤 것들이 있는지 살펴봅니다.

블링크 소개

블링크(Blynk)는 아두이노와 같은 오픈소스 하드웨어를 이용해 아주 쉽게 사물인터넷 프로젝트를 만들 수 있도록 도와주는 도구예요. 아두이노에 필요한 스케치를 업로드하고 스마트폰 앱에서 원하는 도구를 드래그 앤 드롭으로 추가만 해주면 돼요. 인터넷을 통해 LED를 제어하는 프로젝트의 경우 거의 1분 안에 만들 수 있을 정도예요.

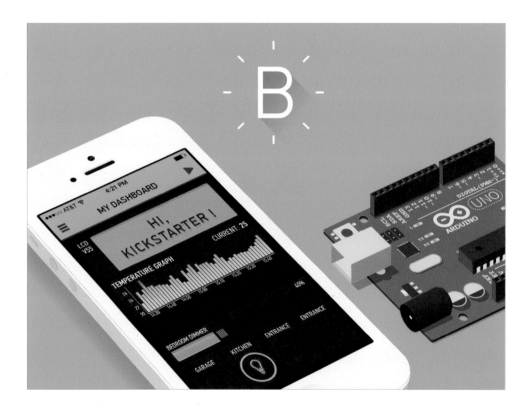

블링크는 인터넷을 통해 작동해요. 따라서 아두이노가 인터넷에 연결할 수 있어야 해요. 물론 아두이노를 인터넷에 연결할 때 이더넷 쉴드, 아두이노 WiFi 쉴드, ESP8266 등 원하는 것을 사용할 수 있어요. 그뿐만 아니라 아두이노가 아닌 라즈베리파이와 같은 다른 오픈소스 하드웨어를 사용할 수도 있어요. 이 책에서는 ESP8266을 이용해 아두이노를 블링크에 연결할 거예요. 그리고 하드웨어에 맞는 라이브러리를 설치만 해주면 블링크 서버에서 알아서 스마트폰과 연결해 줘요. 스마트폰도 아이폰, 안드로이드 모두 가능해요. 스마트폰과 아두이노를 꼭 같은 네트워크에 연결하지 않아도 돼요. 인터넷만 된다면 블링크를 통해 어디서든지 연결할 수 있어요.

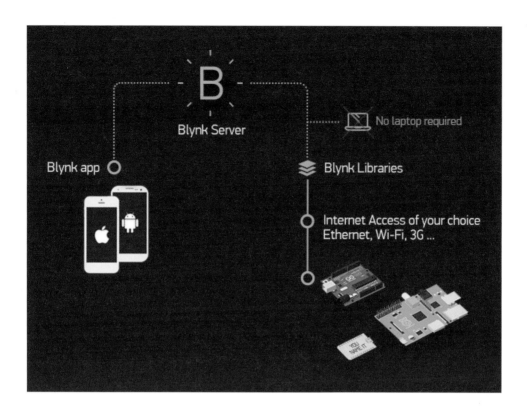

그럼, 블링크를 이용해 어떤 것을 만들 수 있을까요? 블링크와 아두이노를 이용해 냉장고가 열릴 때마다 냉장고 안 사진을 찍도록 할 수 있어요. 그리고 찍은 사진을 어느 곳에서나 확인할 수도 있고요. 만약 이렇게 하면 장을 보러 마트에 갔을 때 냉장고에 뭐가 부족하고 뭐가 많은지 알 수 있겠죠?

만약 드론을 만든다면 블링크를 이용해 조종할 수 있어요. 블링크의 조이스틱 위젯을 이용해 드론 컨트롤러를 만들면 돼요. 그리고 그래프 위젯을 이용해 드론의 상태를 표시할 수도 있어요.

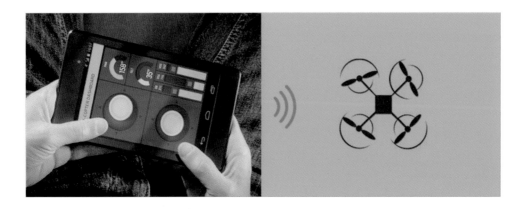

사물인터넷에서 쉽게 볼 수 있는 것이 스마트 화분이죠. 이 스마트 화분도 블링크를 이용해 여러분이 직접 만들 수 있어요. 물이 부족하면 스마트폰으로 알림을 띄운다거나 트위터를 보내게 하는 거예요.

이제 블링크를 사용하기 위해 필요한 것들을 준비해볼게요. 다음 순서대로 따라해주세요.

01 | 블링크 페이지(bit.ly/2LO9lnl)로 이동해주세요.

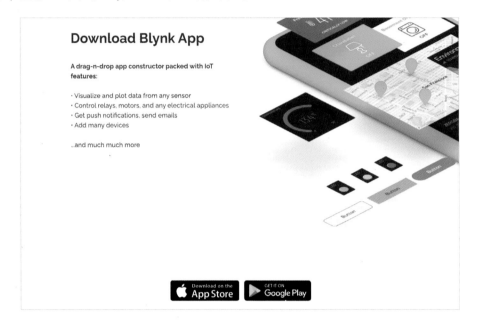

02 | 블링크 앱을 설치해주세요. 아이폰의 경우 [Download on the App Store], 안드로이드의 경우 [GET IT ON Google Play] 버튼을 클릭하면 앱 설치 페이지로 이동해요.

03 | 앱을 실행하면 다음과 같은 화면이 나타나요. 블링크를 사용하려면 계정이 필요해요. 회원가입을 하기 위해 [Sign Up] 버튼을 클릭해주세요.

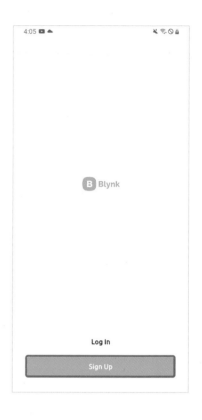

04 | 회원가입을 할 때 이메일을 입력해줘야 하는데, 꼭 사용하는 이메일 주소를 입력해주세요. 프로젝트를 할 때 블링크에서 중요한 정보를 이메일로 보내기 때문이에요. 이메일 주소를 입력하고, 개인정보 관리방침에 대한 체크 박스를 체크한 뒤 [Continue] 버튼을 클릭해주세요.

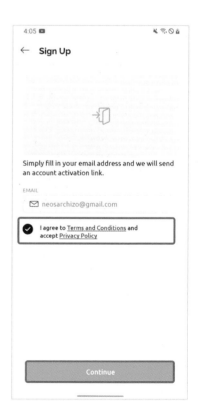

05 | 다음 화면으로 넘어가면 앞에서 입력한 이메일 주소로 메일이 올 거예요. 메일을 열면 다음과 같이 표시가 되는데, 여기서 [Create Password] 버튼을 클릭해주세요.

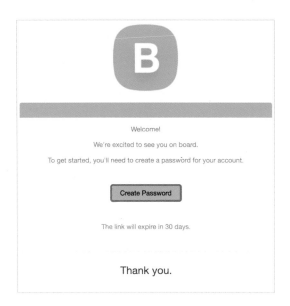

06 | 클릭하면 비밀번호 설정 화면으로 이동하는데, 원하는 비밀번호를 입력해주세요. 최소 8글자 이상이고, 특수문자와 숫자를 섞어서 비밀번호를 설정해주세요.

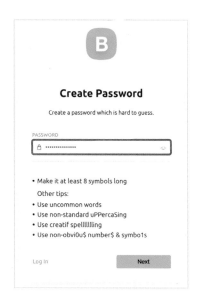

07 │ 다음으로 이름을 입력하라고 나오는데, 원하는 이름을 입력해주세요.

08 │ 이름까지 입력하면 블링크 대시보드로 이동하고, 블링크를 소개하는 팝업이 표시되는데 이와 관련해서는 뒤에서 따로 다룰 것이므로 여기서는 [Skip] 버튼을 클릭하여 닫아주세요. 모바일 앱으로 돌아가서 방금 가입한 계정을 이용해 로그인해주세요.

▲ 모바일 앱에서 로그인한 모습

09 | 이제 아두이노 라이브러리를 설치해야 해요. 아두이노가 설치되어 있지 않다면 '아두이노, 상상을 현실로 만드는 프로젝트 입문편(2017, 영진닷컴)'을 보고 설치해주세요. 설치했다면 블링크 개발자 페이지(bit.ly/3mvxg47)로 이동해주세요. 페이지에서 스크롤을 내리면 다음과 같이 하드웨어용 라이브러리들이 표시된 것을 볼 수 있어요. 이 중 C++ (Arduino)의 [Install]을 클릭해주세요.

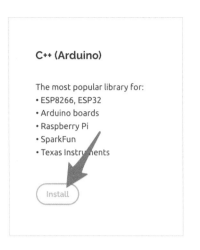

> 아두이노 다운로드 페이지(http://arduino.cc/en/Main/Software)에 이동하면 아두이노 IDE를 다운로드할 수 있어요. 자신의 운영체제에 맞는 설치 파일을 다운로드해주세요.

10 | 링크를 클릭하면 블링크 아두이노 라이브러리 페이지로 이동해요. 여기서 가장 최신 버전의 Assets 부분에서 ZIP 파일을 클릭해서 다운로드해주세요.

11 | 다운로드한 파일의 압축을 풀면 폴더 안에 [libraries, tools] 폴더가 있는 것을 볼 수 있어요. 앞에서 아두이노를 설치했다면 윈도우 사용자는 내 문서, 맥 사용자는 문서 폴더 안에 'Arduino'라는 폴더가 만들어진 것을 볼 수 있어요. 이 [libraries, tools] 폴더를 [Arduino] 폴더에 붙여넣기 해주세요. 이미 [Arduino] 폴더 안에 동일한 이름의 [librarires, tools] 폴더가 있기 때문에 병합할 거냐고 물을 텐데 '예'라고 하고 진행하면 돼요. 붙여넣기 했다면 아두이노 라이브러리도 준비가 다된 거예요.

블링크 위젯들

블링크에는 다양한 종류의 위젯들이 존재해요. 그리고 위젯 박스(Widget Box)를 통해 필요한 위젯을 추가할 수 있는데, 기본적으로 위젯을 추가하는 데 제한이 있어요. 여러분이 무료 계정을 사용하는 경우 위젯 오른쪽에 'UPGRADE'라는 글자가 있는 것을 볼 수 있어요. 이 글자가 없는 위젯은 바로 추가가 가능하지만, 이 위젯은 있는 글자는 유료 계정만 사용이 가능해요. 여기서는 일단 유료 계정에서 사용하는 위젯도 소개할 거예요. 하지만 이 책에서 진행하는 프로젝트들은 무료 계정으로도 따라할 수 있어요. 혹시나 보다 다양한 기능을 사용하고 싶은 독자는 유료 계정을 써보세요.

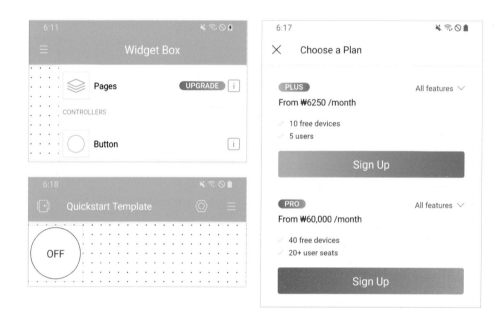

위젯은 다음과 같은 종류가 존재해요. 종류별로 어떤 위젯들이 존재하는지 각각 살펴볼게요.

- ◆ 페이지(Pages)
- ◆ 컨트롤러(Controllers)
- ◆ 화면 표시(Displays)
- ◆ 인터페이스(Interface)
- ◆ 기타(Other)

◆ **페이지**

기본적으로 블링크 대시보드를 이용하면 그냥 1개의 화면만 이용할 수 있는데, 이 페이지 위젯을 이용하면 여러 화면을 이용할 수 있어요. 즉, 페이지별로 따로 화면을 구성하고 이용할 수 있어요.

◆ **컨트롤러**

ㅣ 버튼

실제 푸시 버튼이나 스위치처럼 눌렀다 뗐다 또는, 켰다 껐다 할 수 있는 위젯이에요.

ㅣ 슬라이더

좌우 또는, 상하로 움직여 가변저항처럼 값을 바꿀 수 있는 위젯이에요.

ㅣ 조이스틱

손가락을 움직여 아두이노나 드론을 움직이고 싶을 때 사용해요.

| zeRGBa

얼룩말 모양의 색깔 표로 여러분이 원하는 색을 고를 수 있어요. 색을 고르면 색에 해당되는 RGB 값을 알려주고, 이 값으로 삼색 LED의 색을 바꿀 수 있어요.

| 증감 버튼

특정 값을 증가 또는, 감소시킬 때 사용하는 버튼이에요.

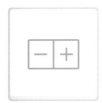  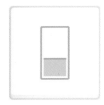

| 스위치

껐다 켰다 할 수 있는 위젯으로, 버튼과 기능이 거의 동일해요.

◆ **화면 표시**

| 값 표시기

아두이노의 센서 값을 표시하고 싶을 때 사용해요.

| LED

프로그램으로 껐다 켰다 할 수 있는 가상의 LED에요.

| 게이지

최솟값과 최댓값이 있고 센서 값이 어느 부분에 위치하는지 확인하고 싶을 때 사용해요.

| LCD

아두이노에서 사용한 LCD처럼 글자를 표시할 수 있는 위젯이에요.

| 슈퍼 차트

저장된 센서 값들을 그래프로 보여주는 위젯이에요.

| 터미널

아두이노 IDE의 시리얼 모니터처럼 아두이노와 통신할 수 있는 위젯이에요.

| 비디오 스트리밍

사물인터넷 프로젝트를 하는 경우 IP 카메라 등을 활용할 수 있는데 이런 경우 스트리밍 영상을 보여주는 위젯이에요.

| 레벨

특정 값의 크기를 전체 크기를 기준으로 표시해주는 위젯이에요.

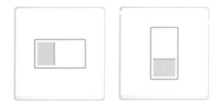

| 이미지 갤러리

이미지를 대시보드에서 표시해주는 위젯이에요. 아두이노에서 받는 신호에 따라 표시하는 이미지를 바꿀 수 있어요.

◆ 인터페이스

| 탭

블링크 프로젝트에서 여러 화면을 이용하고 싶을 때 사용해요. 탭을 누를 때마다 화면이 바뀌어요.

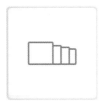

| 메뉴

사용자가 메뉴를 선택하는 것에 따라 어떤 동작이 실행되게 하고 싶을 때 사용해요.

| 맵

대시보드에 지도를 표시하고, 지도상 터치하는 위치를 아두이노나 하드웨어에 보내거나 또는, 현재 아두이노의 위치를 지도상에 표시해주는 위젯이에요.

| 입력

글자나 숫자를 입력해서 아두이노나 하드웨어에 보내주는 위젯이에요.

| 시간 입력

이 위젯은 아두이노나 하드웨어에 시간 관련 정보를 보내줄 때 사용해요. 예를 들어, 특정 타이머가 동작한다거나, 요일이나 일출/일몰 여부를 보내줄 수 있어요.

| 세그먼트 스위치

옵션을 설정한 뒤 사용자가 현재 선택한 옵션을 아두이노나 하드웨어에 알려주는 위젯이에요.

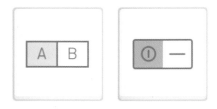

◆ **기타**

| 뮤직 플레이어

블링크에 연결된 아두이노를 이용해 스마트폰의 음악 재생을 제어할 수 있게 해주는 위젯이에요.

| 웹페이지 버튼

블링크 대시보드 상에서 클릭하면 특정 웹페이지로 이동하게 해주는 버튼을 만들어주는 위젯이에요.

블링크 웹페이지 접속하기

블링크가 업데이트되면서 다양한 기능들이 생겼는데, 그중 가장 눈에 띄는 것이 웹브라우저를 통해 블링크 프로젝트를 관리할 수 있다는 거예요. 블링크 웹페이지에 어떻게 접속하고 어떠한 기능들이 있는지 간단히 살펴볼게요.

01 | 로그인하기

우선 웹브라우저에서 'blynk.cloud' 주소로 이동해주세요. 그리고 블링크 준비하기에서 생성했던 계정 정보를 입력해주세요. 로그인하면 'My Devices'라고 표시되면서 현재 블링크에 연결된 기기 목록을 확인할 수 있어요.

02 | 템플릿

이전 버전에서는 프로젝트라고 불렸는데, 업데이트되면서 템플릿(Templates)이라는 말로 바뀌었어요. 템플릿은 대시보드를 구성하고, 기기들을 관리하는 하나의 단위라고 이해하면 돼요. 템플릿의 세부 페이지로 들어가면 어떤 종류의 하드웨어를 사용하는지, 연결 방식이 무엇인지 볼 수 있어요. 물론 수정도 가능하고, 여기서 수정하면 모바일 쪽 앱에서도 똑같이 반영돼요. 템플릿에 경우 모바일 앱에서 보는 대시보드와 별개로 웹페이지 전용 대시보드가 따로 제공되는데, 이 책에서는 모바일 앱 전용 대시보드만 다룰 거예요.

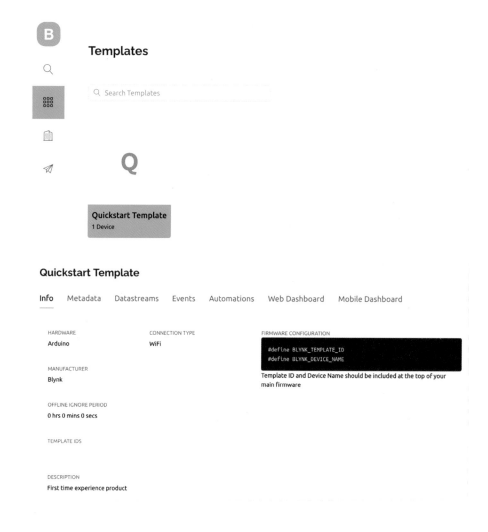

03 | 조직

블링크를 사용하다 보면 동일한 템플릿 또는, 동일한 하드웨어를 여러 사람과 함께 사용해야 하는 경우가 생겨요. 이런 경우를 위해 조직(Organization) 기능이 추가됐어요. 회사나 그룹으로서 조직을 만들고, 원하는 사람들을 이 조직에 추가할 수 있어요. 그리고 구성원에 권한을 관리자, 스텝, 일반 등으로 설정해서, 기능을 모두 사용할 수 있게 한다거나 또는, 일부 기능만 사용하도록 할 수 있어요. 조직 기능을 사용하려면 유료 계정으로 변환해야 해요.

Maintenance Team

Info　Products　Users

NAME

Name

DESCRIPTION

Description (Optional)

0 / 200

Maintenance Team can create Sub-Organizations

04 | Blynk.Air

OTA(Over-The-Air) 업데이트 기능이란 무선으로 하드웨어의 펌웨어나 프로그램을 업데이트하는 것을 뜻해요. 이번에 Blynk.Air라는 기능이 추가됐는데, 바로 OTA 업데이트 기능이에요. 물론 모든 종류의 하드웨어가 지원되는 것은 아니지만 지원되는 기기의 경우 웹페이지에서 펌웨어를 지정한 뒤 인터넷을 통해 무선으로 기기의 펌웨어를 업데이트할 수 있어요. 무료로 사용하는 경우에는 한 번에 1개의 기기만 업데이트가 가능하고, 유료 계정으로 변환해야 동시에 여러 기기를 업데이트할 수 있어요.

Ship new firmware updates Over-The-Air

Here you can remotely update millions of your devices with new
firmware and track shipment progress

+ New Shipping

PART

02

ESP-이 사용하기

이번 파트에서는 아두이노가 WiFi에 연결할 수 있도록 해주는
ESP8266 기반 ESP-01 모듈에 대해 알아보고,
ESP-01을 아두이노에 연결한 뒤 예제 프로그램을 이용해
인터넷에 연결하는 방법을 알아볼 거예요. 그리고 연결한 아두이노를 이용해
블링크에 ESP-01을 연결하는 방법도 알아볼 거예요.

ESP-01 소개

ESP-01(bit.ly/3zeMzB8)은 'ESP826'이라는 WiFi 칩을 이용해 만들어진 모듈이에요. 이 모듈에 사용된 ESP8266같은 경우, 다양한 사물인터넷 제품에서 사용되고 있어요. ESP-01을 아두이노에 연결해 아두이노가 인터넷에 연결할 수 있게 해 줘요. 하드웨어는 '동작 전압'이란 게 있는데, 일반적으로 많이 사용되는 아두이노 UNO의 경우 5V에요. 그리고 아두이노 DUE나 아두이노 PRO MINI의 경우 3.3V로 동작해요. ESP8266은 동작 전압이 3.3V에요.

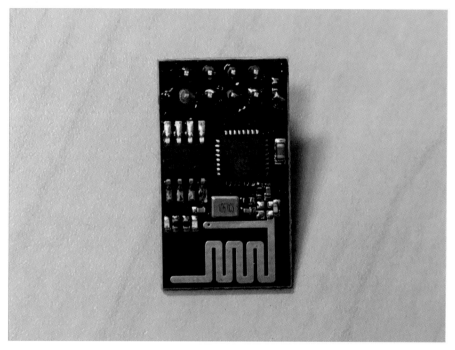

▲ ESP-01

서로 다른 하드웨어가 통신하는 경우에는 이 동작 전압이 같아야 해요. 5V로 동작하는 보드에는 5V로 전기 신호를 보내야 하고, 3.3V로 동작하는 보드에는 3.3V로 전기신호를 보내야 해요. 여기서는 5V로 동작하는 아두이노 UNO를 사용할 것이므로 3.3V로 동작하는 ESP-01과 곧바로 통신할 수가 없어요. 따라서 중간에 3.3V와 5V 통신 전압을 보정해주는 ESP-01 어댑터(bit.ly/2W2MaUa)를 사용할 거예요. 다음과 같이 ESP-01 어댑터에 ESP-01을 꽂고 어댑터의 핀을 통해 아두이노 UNO에 연결해주면 돼요.

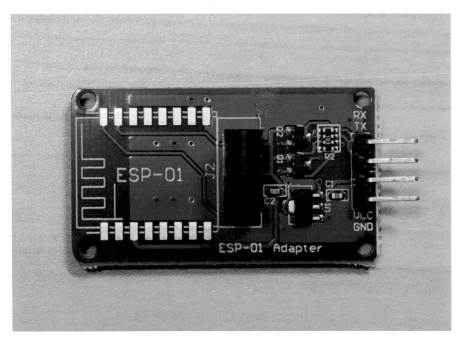

▲ ESP-01 어댑터

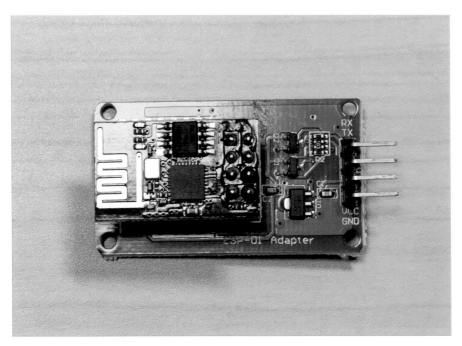

▲ ESP-01과 ESP-01 어댑터 결합 모습

ESP-01 보 레이트 설정

준비물

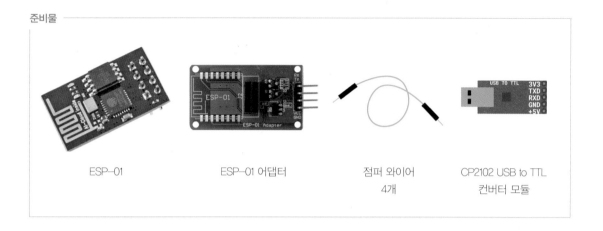

| ESP-01 | ESP-01 어댑터 | 점퍼 와이어 4개 | CP2102 USB to TTL 컨버터 모듈 |

ESP-01을 아두이노에 연결해 사용하기 전에 ESP-01의 보 레이트를 설정해야 해요. 우선 ESP-01을 다음과 같이 ESP-01 어댑터에 끼워주세요.

ESP-01과 CP2102 USB to TTL 컨버터 모듈 연결하기

01 | CP2102 USB to TTL 컨버터 모듈(https://bit.ly/3T3ptsz)의 GND를 ESP-01 어댑터의 GND에
연결해주세요.

02 | CP2102 USB to TTL 컨버터 모듈의 +5V를 ESP-01 어댑터의 VCC에 연결해주세요.

03 | CP2102 USB to TTL 컨버터 모듈의 RXD를 ESP-01 어댑터의 TXD에 연결해주세요.

04 | CP2102 USB to TTL 컨버터 모듈의 TXD를 ESP-01 어댑터의 RXD에 연결해주세요.

05 | 완성된 모습이에요.

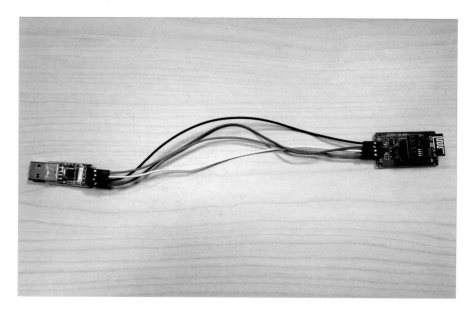

CP2102 USB to TTL 컨버터 모듈을 PC에 연결한 뒤 아두이노 IDE를 실행해주세요. 그리고 [툴]-[포트] 메뉴에서 CP2102 USB to TTL 컨버터 모듈이 연결된 포트를 선택해주세요. 만약 포트가 검색되지 않는 경우 드라이버가 정상적으로 설치되지 않아서 그럴 수 있어요. 그런 경우 CP210X 드라이버(bit.ly/3YWeAuy)를 설치해주세요. 다음으로 시리얼 모니터를 열고 왼쪽 드롭 다운 박스에서 'Both NL & CR'을 선택하고, 오른쪽 드롭다운 박스에서 '115200 보드레이트'를 선택해주세요. 키트에 있는 ESP-01의 초기 보 레이트가 115200bps로 설정되어 있어요.

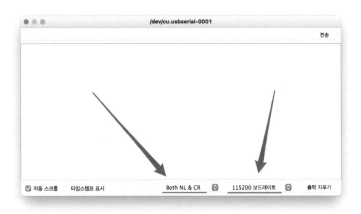

입력창에 [코드 2-1]과 같이 대문자로 'AT'를 입력하고 [전송] 버튼을 클릭해주세요. 그럼 시리얼 모니터에 'OK'라고 표시되는 것을 볼 수 있어요.

코드 2-1 AT 명령어 동작 확인

```
AT
```

다음으로 전송 창에 **[코드 2-2]**와 같이 입력하고 [전송 버튼]을 클릭해주세요. 보 레이트를 9600bps로 변경하는 명령어인데, 정상적으로 실행됐다면 OK가 표시돼요. 이 상태에서 시리얼 모니터의 보 레이트를 9600bps로 변경하고 **[코드 2-1]**과 같이 다시 'AT'를 입력하면 'OK'라고 표시되는 것을 볼 수 있어요.

코드 2-2 보 레이트를 9600bps로 변경

```
AT+UART_DEF=9600,8,1,0,0
```

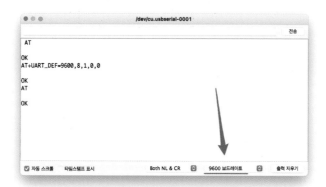

준비물

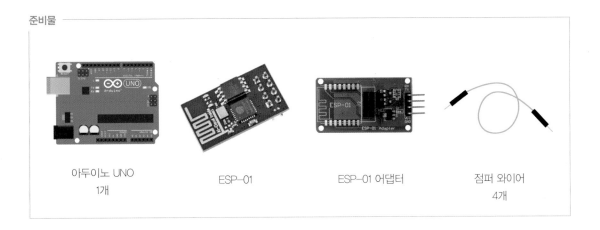

아두이노 UNO
1개

ESP-01

ESP-01 어댑터

점퍼 와이어
4개

ESP-01과 ESP-01 어댑터를 이용해 아두이노 UNO(https://bit.ly/3ypaTlD)에 연결하는 것을
해볼 거예요. 우선 ESP-01을 다음과 같이 ESP-01 어댑터에 끼워주세요.

ESP-01 연결하기

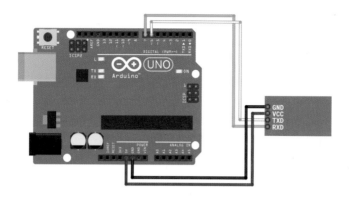

01 | 아두이노의 7번 핀을 ESP-01 어댑터의 RXD에 연결해주세요. 이 RXD는 ESP-01을 기준으로 데이터를 받는 곳이고, 아두이노의 7번 핀은 아두이노가 데이터를 내보내는 곳이에요.

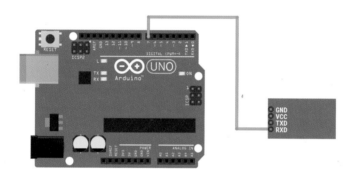

02 | 아두이노의 6번 핀을 ESP-01 어댑터의 TXD에 연결해주세요. 이 TXD는 ESP-01을 기준으로 데이터를 내보내는 곳이고, 아두이노의 6번 핀은 아두이노가 데이터를 받는 곳이에요.

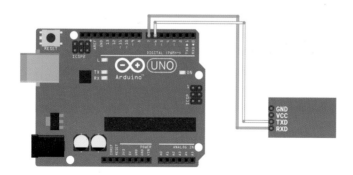

03 | 아두이노의 GND핀을 ESP-01 어댑터의 GND에 연결해주세요.

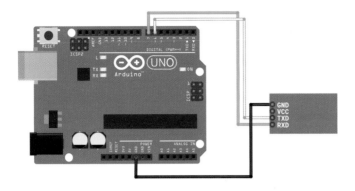

04 | 아두이노의 5V핀을 ESP-01 어댑터의 VCC에 연결해주세요.

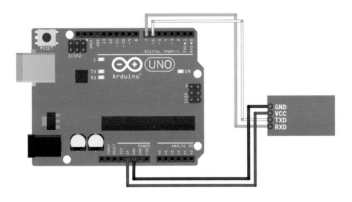

05 | 완성된 모습이에요.

아두이노 IDE를 실행해주세요. 그리고 메뉴에서 [툴]-[라이브러리 관리...]를 클릭해주세요. 라이브러리 매니저가 실행되면 'wifiesp'를 검색해주세요. WiFiEsp가 표시되면 [설치] 버튼을 클릭하여 설치해주세요.

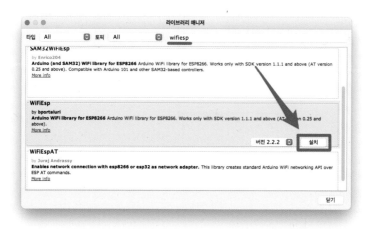

라이브러리가 설치됐다면 메뉴에서 [파일]-[예제]-[WiFiEsp]-[test]-[BasicTest]를 클릭해주세요. 또는 [코드 2-3]을 복사해서 붙여 넣어주세요. 만약 예제를 연 거라면, 예제 스케치를 그대로 사용하지 말고 코드를 복사해서 새 스케치에 붙여 넣은 뒤 사용해주세요.

코드 2-3 BasicTest(bit.ly/3xvOD6Q)

```
1    /*
2     WiFiEsp test: BasicTest
3
4     Performs basic connectivity test and checks.
5    */
6
7    #include "WiFiEsp.h"
8
9    // Emulate Serial1 on pins 7/6 if not present
10   #ifndef HAVE_HWSERIAL1
11   #include "SoftwareSerial.h"
12   SoftwareSerial Serial1(6, 7); // RX, TX
```

```
13  #endif

14

15

16  char ssid[] = "Twim";      // your network SSID (name)

17  char pwd[] = "12345678";   // your network password

18  char pwdErr[] = "xxxx";    // wrong password

19

20

21  void setup()

22  {

23    Serial.begin(115200);

24    Serial1.begin(9600);

25    WiFi.init(&Serial1);

26  }

27

28  void loop()

29  {

30    assertEquals("Firmware version", WiFi.firmwareVersion(), "1.5.2");

31    assertEquals("Status is (WL_DISCONNECTED)", WiFi.status(), WL_DISCONNECTED);

32    assertEquals("Connect", WiFi.begin(ssid, pwd), WL_CONNECTED);

33    assertEquals("Check status (WL_CONNECTED)", WiFi.status(), WL_CONNECTED);

34    assertEquals("Check SSID", WiFi.SSID(), ssid);

35

36    IPAddress ip = WiFi.localIP();

37    assertNotEquals("Check IP Address", ip[0], 0);

38    Serial.print("IP Address: ");

39    Serial.println(ip);

40

41    byte mac[6]={0,0,0,0,0,0};

42    WiFi.macAddress(mac);

43

44    Serial.print("MAC: ");

45    Serial.print(mac[5], HEX);
```

```
46      Serial.print(":");
47      Serial.print(mac[4], HEX);
48      Serial.print(":");
49      Serial.print(mac[3], HEX);
50      Serial.print(":");
51      Serial.print(mac[2], HEX);
52      Serial.print(":");
53      Serial.print(mac[1], HEX);
54      Serial.print(":");
55      Serial.println(mac[0], HEX);
56      Serial.println();
57
58      assertEquals("Disconnect", WiFi.disconnect(), WL_DISCONNECTED);
59      assertEquals("Check status (WL_DISCONNECTED)", WiFi.status(), WL_DISCONNECTED);
60      assertEquals("IP Address", WiFi.localIP(), 0);
61      assertEquals("Check SSID", WiFi.SSID(), "");
62      assertEquals("Wrong pwd", WiFi.begin(ssid, pwdErr), WL_CONNECT_FAILED);
63
64      IPAddress localIp(192, 168, 168, 111);
65      WiFi.config(localIp);
66
67      assertEquals("Connect", WiFi.begin(ssid, pwd), WL_CONNECTED);
68      assertEquals("Check status (WL_CONNECTED)", WiFi.status(), WL_CONNECTED);
69
70      ip = WiFi.localIP();
71      assertNotEquals("Check IP Address", ip[0], 0);
72
73
74      Serial.println("END OF TESTS");
75      delay(60000);
76   }
77
78
```

```cpp
/////////////////////////////////////////////////////////////////////////////////

void assertNotEquals(const char* test, int actual, int expected)
{
  if(actual!=expected)
    pass(test);
  else
    fail(test, actual, expected);
}

void assertEquals(const char* test, int actual, int expected)
{
  if(actual==expected)
    pass(test);
  else
    fail(test, actual, expected);
}

void assertEquals(const char* test, char* actual, char* expected)
{
  if(strcmp(actual, expected) == 0)
    pass(test);
  else
    fail(test, actual, expected);
}


void pass(const char* test)
{
  Serial.print(F("******************************************** "));
  Serial.print(test);
  Serial.println(" > PASSED");
```

```
112    Serial.println();
113  }
114
115  void fail(const char* test, char* actual, char* expected)
116  {
117    Serial.print(F("********************************************* "));
118    Serial.print(test);
119    Serial.print(" > FAILED");
120    Serial.print(" (actual=\"");
121    Serial.print(actual);
122    Serial.print("\", expected=\"");
123    Serial.print(expected);
124    Serial.println("\")");
125    Serial.println();
126    delay(10000);
127  }
128
129  void fail(const char* test, int actual, int expected)
130  {
131    Serial.print(F("********************************************* "));
132    Serial.print(test);
133    Serial.print(" > FAILED");
134    Serial.print(" (actual=");
135    Serial.print(actual);
136    Serial.print(", expected=");
137    Serial.print(expected);
138    Serial.println(")");
139    Serial.println();
140    delay(10000);
141  }
```

연결하려는 WiFi의 SSID가 'youngjin'이고, 패스워드가 'youngjin1'이라고 가정했을 때 [코드 2-3]의 16~17번 줄을 [코드 2-4]와 같이 수정해주세요.

코드 2-4 SSID와 패스워드 입력

```
char ssid[] = "youngjin";     // your network SSID (name)
char pwd[] = "youngjin1";  // your network password
```

만약 WiFi의 패스워드가 없다면 [코드 2-5]과 같이 입력해주세요.

코드 2-5 패스워드가 없는 경우

```
char pwd[] = "";  // your network password
```

[코드 2-3]의 23번 줄의 경우 아두이노와 PC의 시리얼 통신을 설정하는 곳이에요. 여기서 보 레이트가 115200bps로 설정된 것을 볼 수 있어요. 우선 스케치를 아두이노에 업로드하고, 시리얼 모니터를 열어주세요. 시리얼 모니터를 열고 시리얼 모니터 아래 bps 값이 [코드 2-6]에 있는 bps 값과 같도록 만들어주세요. 그럼 ESP-01과 통신이 되는 것을 볼 수 있어요.

코드 2-6 PC와의 보 레이트 설정

```
Serial.begin(115200);
```

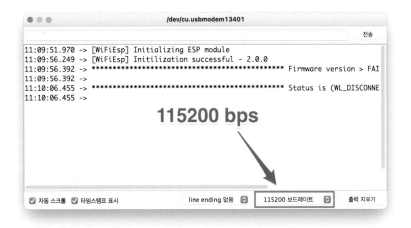

시리얼 모니터를 보면 [코드 2-7]과 같이 결과물이 뜨는 것을 볼 수 있어요. 각 단계별로 테스트를 하면서 성공했는지 실패했는지 알려줘요.

코드 2-7 결과물

```
[WiFiEsp] Initializing ESP module
[WiFiEsp] Initilization successful - 2.0.0
*********************************************** Firmware version > FAILED
(actual="2.0.0", expected="1.5.2")


*********************************************** Status is (WL_DISCONNECTED) > PASSED


[WiFiEsp] Connected to youngjin
*********************************************** Connect > PASSED


*********************************************** Check status (WL_CONNECTED) > PASSED


*********************************************** Check SSID > PASSED


*********************************************** Check IP Address > PASSED


IP Address: 192.168.86.57
MAC: 84:F3:EB:DD:37:55


*********************************************** Disconnect > PASSED


*********************************************** Check status (WL_DISCONNECTED) >
PASSED


*********************************************** IP Address > PASSED


*********************************************** Check SSID > PASSED
```

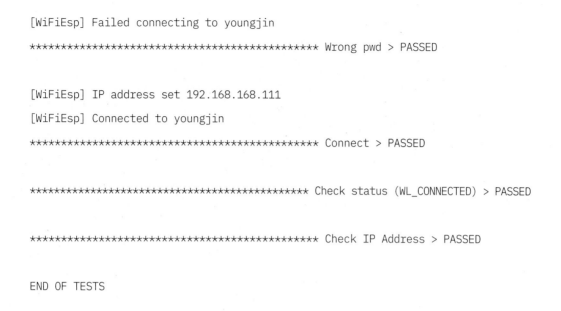

```
[WiFiEsp] Failed connecting to youngjin
*********************************************** Wrong pwd > PASSED


[WiFiEsp] IP address set 192.168.168.111
[WiFiEsp] Connected to youngjin
*********************************************** Connect > PASSED


*********************************************** Check status (WL_CONNECTED) > PASSED


*********************************************** Check IP Address > PASSED


END OF TESTS
```

결과물에서 처음에 ESP-01의 펌웨어 버전을 확인하는 부분에서 실패했다고 뜰 수 있어요.
[코드 2-8]을 보면 ESP-01의 예상 펌웨어 버전이 1.5.2인데 실제 확인된 버전은 2.0.0이라는
거예요. 이 부분은 이렇게 다를 수 있으니 무시하고 넘어가도 돼요.

코드 2-8 펌웨어 버전 확인

```
*********************************************** Firmware    version   >   FAILED
(actual="2.0.0", expected="1.5.2")
```

다음으로 정상적으로 SSID와 패스워드를 넣었을 때 연결이 제대로 되는지 확인해요. 문제가
없다면 다음과 같이 연결하고, IP 주소와 맥(MAC) 주소를 확인하는 것을 볼 수 있어요.

코드 2-9 정상 접속 확인

```
[WiFiEsp] Connected to youngjin
*********************************************** Connect > PASSED


*********************************************** Check status (WL_CONNECTED) > PASSED
```

```
******************************************* Check SSID > PASSED


******************************************* Check IP Address > PASSED


IP Address: 192.168.86.57
MAC: 84:F3:EB:DD:37:55
```

다음으로 일부러 잘못된 패스워드(pwdErr)를 사용해 접속을 시도해요. 이때 당연히 접속에
실패하는 것을 확인할 수 있어요.

코드 2-10 비정상 접속 확인

```
[WiFiEsp] Failed connecting to youngjin
******************************************* Wrong pwd > PASSED
```

마지막으로 고정 IP를 설정하는 것을 볼 수 있어요. IP 주소를 192.168.168.111로 설정해요.
고정 IP 설정을 마지막으로 테스트가 끝나요. 여기까지 문제없이 동작했다면 이제 ESP-01을
사용할 준비가 된 거예요.

코드 2-11 고정 IP 설정

```
[WiFiEsp] IP address set 192.168.168.111
[WiFiEsp] Connected to youngjin
******************************************* Connect > PASSED


******************************************* Check status (WL_CONNECTED) > PASSED


******************************************* Check IP Address > PASSED
```

PC 웹브라우저에서 'blynk.cloud'에 접속해주세요. 접속하면 좌측 두 번째 [Template] 탭으로 이동합니다. 여기서 [New Template] 버튼을 클릭해주세요.

Start by creating your first template

Template is a digital model of a physical object. It is used in Blynk platform as a template to be assigned to devices.

+ New Template

클릭하면 템플릿에 대한 정보를 입력하는 다이얼로그가 떠요. 여기서 [NAME]에 원하는 이름을 입력하고, [HARDWARE]는 'Arduino'를, [CONNECTION TYPE]은 'WiFi'를 선택해주세요. 다입력했다면 [Done] 버튼을 클릭해주세요. 클릭하면 템플릿 상세화면으로 이동하는데, 우측 상단에 [Save] 버튼을 클릭해주세요. 그럼 템플릿이 준비된 거예요.

Create New Template

○○○   Cancel   **Save**

NAME

Youngjin

HARDWARE   CONNECTION TYPE

Arduino   WiFi

DESCRIPTION

This is my template

19 / 128

Cancel   **Done**

다음으로 기기를 등록해줘야 해요. 좌측에 메뉴에 돋보기 아이콘(Search)을 클릭해주세요. 클릭해서 이동하면 원래는 디바이스 목록을 보는 곳인데, 현재는 등록된 디바이스가 없기 때문에 다음과 같이 표시되는 것을 볼 수 있어요. 여기서 [New Device] 버튼을 클릭해주세요.

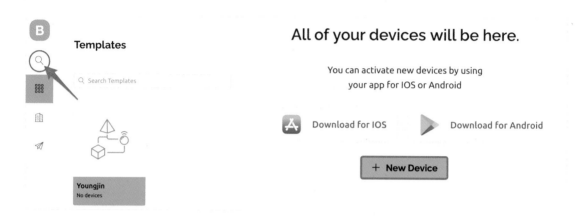

클릭하면 어떻게 기기를 추가할지 선택지가 뜨는데, 앞서 만든 템플릿을 이용할 것이므로 [From template]을 클릭해주세요.

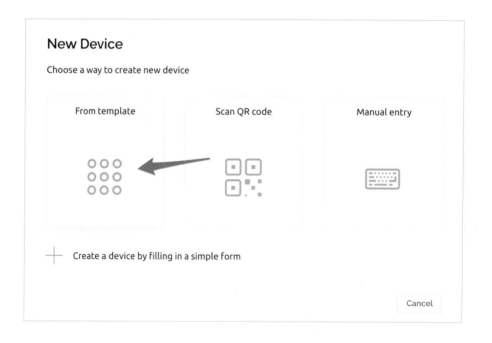

클릭하면 템플릿을 선택하는 다이얼로그가 떠요. 여기서 앞서 만든 Youngjin 템플릿을 선택해주세요. [DEVICE NAME]은 기기 이름인데 바꾸고 싶다면 바꿔도 돼요. 모두 선택한 뒤 [Create] 버튼을 클릭해주세요.

클릭하면 기기가 추가되고, 다음과 같이 기기 정보가 뜨는 것을 볼 수 있어요. 여기 있는 정보를 뒤에서 아두이노 코드에 넣어 사용할 거예요.

New Device Created!   ✕

```
#define BLYNK_TEMPLATE_ID "TMPLjuE1kn3d"
#define BLYNK_DEVICE_NAME "Youngjin"
#define BLYNK_AUTH_TOKEN
```

Template ID, Device Name, and AuthToken should be declared at the very top of the firmware code.

📖 Documentation   📋 Copy to clipboard

아두이노를 실행하고 메뉴에서 [파일]–[예제]–[Blynk]–[Boards_WiFi]–[ESP8266_Shield]를 클릭해주세요. 또는 **[코드 2–12]**를 복사해서 붙여넣어 주세요. 만약 예제를 연 거라면, 예제 스케치를 그대로 사용하지 말고 코드를 복사해서 새 스케치에 붙여 넣은 뒤 사용해주세요.

코드 2–12　ESP8266_Shield(bit.ly/2WBk3Mz)

```
1    /***************************************************************
2      Download latest Blynk library here:
3        https://github.com/blynkkk/blynk-library/releases/latest
4
5      Blynk is a platform with iOS and Android apps to control
6      Arduino, Raspberry Pi and the likes over the Internet.
7      You can easily build graphic interfaces for all your
8      projects by simply dragging and dropping widgets.
9
10       Downloads, docs, tutorials: http://www.blynk.cc
11       Sketch generator:          http://examples.blynk.cc
12       Blynk community:           http://community.blynk.cc
13       Follow us:                 http://www.fb.com/blynkapp
14                                  http://twitter.com/blynk_app
15
16     Blynk library is licensed under MIT license
17     This example code is in public domain.
18
19     ***************************************************************
20
21     This example shows how to use ESP8266 Shield (with AT commands)
22     to connect your project to Blynk.
23
24     WARNING!
25       It's very tricky to get it working. Please read this article:
26       http://help.blynk.cc/hardware-and-libraries/arduino/esp8266-with-at-firmware
27
```

```
28      Change WiFi ssid, pass, and Blynk auth token to run :)
29      Feel free to apply it to any other example. It's simple!
30    **************************************************************/
31
32  /* Comment this out to disable prints and save space */
33  #define BLYNK_PRINT Serial
34
35  /* Fill-in your Template ID (only if using Blynk.Cloud) */
36  //#define BLYNK_TEMPLATE_ID   "YourTemplateID"
37
38
39  #include <ESP8266_Lib.h>
40  #include <BlynkSimpleShieldEsp8266.h>
41
42  // You should get Auth Token in the Blynk App.
43  // Go to the Project Settings (nut icon).
44  char auth[] = "YourAuthToken";
45
46  // Your WiFi credentials.
47  // Set password to "" for open networks.
48  char ssid[] = "YourNetworkName";
49  char pass[] = "YourPassword";
50
51  // Hardware Serial on Mega, Leonardo, Micro...
52  #define EspSerial Serial1
53
54  // or Software Serial on Uno, Nano...
55  //#include <SoftwareSerial.h>
56  //SoftwareSerial EspSerial(2, 3); // RX, TX
57
58  // Your ESP8266 baud rate:
59  #define ESP8266_BAUD 115200
60
```

```
61    ESP8266 wifi(&EspSerial);

62

63    void setup()

64    {

65      // Debug console

66      Serial.begin(9600);

67

68      delay(10);

69

70      // Set ESP8266 baud rate

71      EspSerial.begin(ESP8266_BAUD);

72      delay(10);

73

74      Blynk.begin(auth, wifi, ssid, pass);

75    }

76

77    void loop()

78    {

79      Blynk.run();

80    }
```

우선 [코드 2-12]의 36번 줄에 BLYNK_TEMPLATE_ID가 [코드 2-13]과 같이 주석으로 표시되어 있어요. 앞에서 기기를 추가했을 때 표시된 정보를 [코드 2-14]와 같이 입력해주세요. [코드 2-14]를 입력하고 나면, 밑에 권한 토큰 입력하는 부분이 있어요. 여기에 [코드 2-15]와 같이 'BLYNK_AUTH_TOKEN'을 입력해주세요.

코드 2-13 BLYNK_TEMPLATE_ID

```
//#define BLYNK_TEMPLATE_ID    "YourTemplateID"
```

코드 2-14 템플릿 설정 파일 입력

```
#define BLYNK_TEMPLATE_ID "TMPLjuE1kn3d"
#define BLYNK_DEVICE_NAME "Youngjin"
#define BLYNK_AUTH_TOKEN "##############################"
```

코드 2-15 권한 토큰 입력하기

```
char auth[] = BLYNK_AUTH_TOKEN;
```

다음으로 WiFi 연결 정보를 입력하는 곳이 있는데, 연결하고자 하는 WiFi의 SSID가 'youngjin'이고, 패스워드가 'youngjin1'이라고 가정했을 때 [코드 2-16]과 같이 수정해주세요.

코드 2-16 SSID와 패스워드 입력

```
char ssid[] = "youngjin";
char pass[] = "youngjin1";
```

만약 WiFi의 패스워드가 없다면 [코드 2-17]과 같이 입력해주세요.

코드 2-17 패스워드가 없는 경우

```
char pass[] = "";
```

그리고 EspSerial 변수 선언한 줄이 있는데 [코드 2-18]과 같이 주석 처리해주세요. 주석 처리를 하면 그 줄의 색이 회색으로 바뀌는 것을 볼 수 있어요. 우리는 아두이노 UNO를 사용하고 소프트웨어 시리얼을 사용할 것이므로 이 부분을 주석 처리해서 비활성화한 거예요.

코드 2-18 하드웨어 시리얼 비활성화

```
// #define EspSerial Serial1
```

이번에는 하드웨어 시리얼을 비활성화한 것과 반대로 소프트웨어 시리얼 부분을 활성화할 거예요. SoftwareSerial 입력된 곳이 있는데, [코드 2-19]와 같이 앞에 주석을 지워서 활성화해주세요. 그리고 핀 번호 2개가 들어가는 부분에 순서대로 '6, 7'을 입력해주세요. 우리는 〈회로도 2-2〉와 같이 연결했기 때문에 사용하는 핀들을 이와 같이 바꾼 거예요. 이 두 핀을 이용해 소프트웨어적으로 시리얼 통신을 하는 거예요.

코드 2-19 소프트웨어 시리얼 활성화

```
#include <SoftwareSerial.h>
SoftwareSerial EspSerial(6, 7); // RX, TX
```

다음으로 ESP-01의 보 레이트를 설정하는 부분이에요. 앞에서도 설정했듯이 ESP-01의 보 레이트는 9600bps이기 때문에, [코드 2-20]과 같이 수정해주세요. 준비가 됐다면 코드를 아두이노에 업로드해 주세요.

코드 2-20 ESP-01 보 레이트 설정

```
#define ESP8266_BAUD 9600
```

그리고 Serial.begin과 같이 아두이노와 PC의 시리얼 통신을 설정하는 곳이 있어요. 여기서 보 레이트가 9600bps로 설정된 것을 볼 수 있어요. 우선 스케치를 아두이노에 업로드하고, 시리얼 모니터를 열어주세요. 시리얼 모니터 아래 bps 값이 코드에 있는 9600bps 값과 같도록 만들어주세요. 그럼 시리얼 모니터에 다음과 같이 출력되는 것을 볼 수 있어요. WiFi에 연결되고 기다리면 'Ready'라고 표시돼요. 이렇게 뜨면 블링크에 연결이 됐다는 뜻이에요.

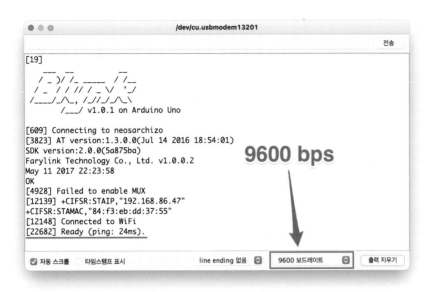

PC 웹브라우저에서 'blynk.cloud'로 다시 접속해주세요. 여기서 앞에서 만든 Youngjin 템플릿을 선택해주세요. 템플릿 화면으로 이동하면 우측 상단에 [Edit] 버튼을 클릭해주세요.

[Edit] 버튼을 클릭하면 편집 상태로 전환이 되는데, 이때 상단 메뉴에서 [Datastreams] 탭을 클릭해주세요. 데이터스트림의 경우 블링크로 아두이노와 같은 하드웨어를 제어할 때, 블링크에서 하드웨어로 정보를 전달하기 위한 경로를 설정하는 거예요. 따라서 디지털 또는, 아날로그 핀을 제어하려면 우선 이 데이터스트림을 만들어줘야 해요. 현재는 처음이라 [New Datastream] 버튼이 있는 것을 볼 수 있어요. 이 버튼을 클릭해주세요. 그리고 여기서 디지털 핀 13번을 제어할 것이므로 'Digital'을 선택해주세요.

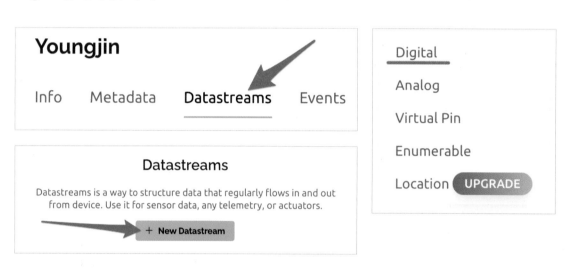

클릭하면 다음과 같이 다이얼로그가 떠요. [NAME]에 원하는 이름을 입력하고, [PIN]에 '13'을 선택해주세요. 그리고 [PIN MODE]는 출력을 뜻하는 'Output'을 선택해주세요. 다 선택했다면 [Create] 버튼을 클릭해주세요. 클릭하면 추가한 데이터스트림이 목록에 표시되는 것을 볼 수 있어요. 그리고 우측 상단에 [Save And Apply] 버튼이 있는데 이 버튼을 클릭해야 변경사항이 적용돼요.

Blynk IoT 모바일 앱을 열어주세요. 여기서 우측 상단의 기어 모양 아이콘처럼 생긴 [Developer Mode]를 선택해주세요.

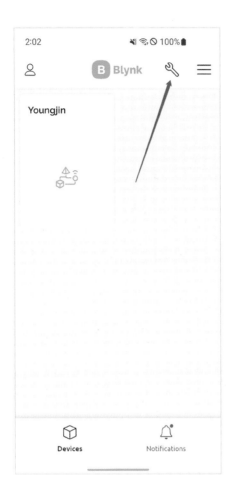

Developer Mode로 이동하면 앞에서 만든 Youngjin 템플릿을 선택해주세요.

편집 모드로 이동하면 우측 상단에 메뉴 버튼이나 또는, 대시보드 빈 공간을 클릭해주세요. 클릭하면 위젯 박스 메뉴가 열리는데 여기서 버튼(Button)을 선택해주세요. 선택하면 버튼이 대시보드에 추가되는데, 추가된 버튼을 클릭해주세요.

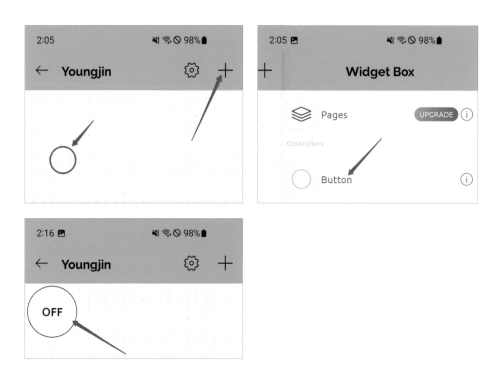

클릭하면 버튼 설정 화면으로 이동해요. 여기서 데이터스트림을 설정하는 옵션이 있는데, 드롭다운 버튼을 클릭하고, 앞에서 추가한 LED를 선택해주세요. 그리고 [MODE]를 스위치(SWITCH)로 설정해주세요. 그럼 클릭할 때마다 꺼짐 또는, 켜짐 상태가 고정돼요.

대시보드 편집 모드로 돌아온 뒤 좌측 상단에 빠져나가기 아이콘을 클릭해주세요. 그리고 Developer Mode 화면에서도 닫기 아이콘을 클릭해주세요. 그러면 실제 동작하는 대시보드 화면으로 이동해요. 아두이노가 연결된 상태인지 확인하고, 버튼을 클릭해서 켜거나 꺼주세요. 아두이노에 기본 LED가 켜졌다 꺼졌다 하는 것을 볼 수 있어요. 앞으로 진행할 프로젝트에서도 이처럼 블링크를 설정해주면 돼요.

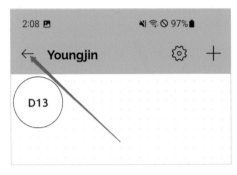

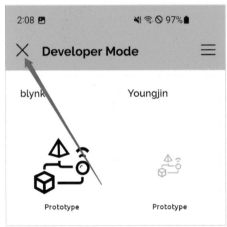

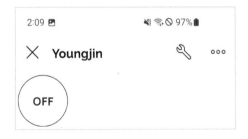

블링크를 사용하는 회사들

블링크의 경우 단순히 일반인들만 사용하는 DIY IoT 플랫폼이 아니에요. 다양하고 많은 회사가 직접 자신들만의 IoT 시스템을 개발하는 것이 아니라, 블링크를 사용해 IoT 서비스를 제공하는 곳이 많아요. 블링크 홈페이지에서 확인이 가능한 데 대략 500여 개의 회사가 블링크를 이용한다고 해요. 이 중 어떤 회사들이 있는지 살펴볼게요.

01 | 스마트 연못 관리 시스템

아쿠아스케이프(Aquascape)는 북미에서 가장 큰 연못 가드닝 관련 회사 중 하나예요. 고객이 손을 적게 들이면서 연못 및 정원의 디자인, 수질 등을 주위 환경에 맞춰 잘 관리할 수 있도록 해주는 제품을 주로 만드는 회사예요. 이 회사는 연못 관리 시스템을 사물인터넷으로 제어할 수 있도록 만들고 싶었고, 제품을 판매한 뒤에도 제품이 어떻게 동작하고 있는지 정보를 얻고 싶어서 블링크를 이용하게 됐다고 해요.

이제는 블링크를 제품에 연결해서 다음과 같은 기능을 제공하고 있어요. 우선 온도계의 경우 단순히 연못의 수온을 실시간으로 알려주는 것만이 아니라, 주위 환경에 대한 정보도 확인하고 문제가 있을 시 바로 고객에게 알려준다고 해요. 그리고 연못에 자동으로 약을 공급해주는 기계의 경우 연못을 유지하기 위한 최소의 양만 사용함과 동시에 약이 거의 다 떨어지면 고객이 채울 수 있도록 알림을 보내줘요.

02 | 장비 및 차량 관리 시스템

피들러(FIEDLER Maschinenbau und Technikvertrieb GmbH)는 다양한 도시 서비스를 제공하는 독일 회사로, 정원 급수, 도시 청소, 쓰레기 처리, 잡초 제거 등 다양한 작업을 해요. 그리고 이와 같은 작업을 하기 위해 많은 차량과 장비를 보유하고 있는데, 이런 차량과 장비를 IoT로 관리하기 위해서 블링크를 사용하게 됐다고 해요.

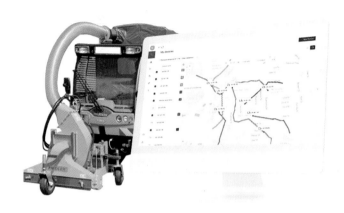

현재는 블링크를 통해 어떤 작업자가 무슨 차량과 장비를 사용 중인지 확인할 수 있어요. 예를 들어, 정원 급수를 위한 장비를 사용 중인지 아니면, 도시 청소를 위한 장비를 사용 중인지를 블링크 대시보드를 통해 확인이 가능해요. 또한 각 차량과 장비마다 GPS 모듈이 장착되어 있어서 현재 차량의 위치와 작업 진행 상황도 확인할 수 있어요. 고객도 블링크 기반으로 만들어진 웹페이지나 모바일 앱을 통해 받는 서비스에 대한 정보를 확인할 수 있어요.

PART

03

피에조 스피커 사용하기

이번 파트에서는 아두이노에 피에조 스피커를 연결하고
블링크로 제어하는 내용을 알아볼 거예요. 우리가 사용하는 피에조 스피커는
파형을 만들어야지 소리가 나는 패시브 피에조 스피커예요.
따라서 단순히 LED와 같이 껐다 켜는 것이 아니라
파형이 출력되거나 멈추도록 해줘야 해요.

준비물

| 아두이노 UNO
1개 | ESP-01 1개 | 피에조 스피커
1개 | 점퍼 와이어
9개 | 브레드보드 1개 |

아두이노 보드 연결은 [회로도 3-1]과 같이해요. 그림을 보며 하나씩 따라 연결해주세요.

회로도 3-1 피에조 스피커 사용하기

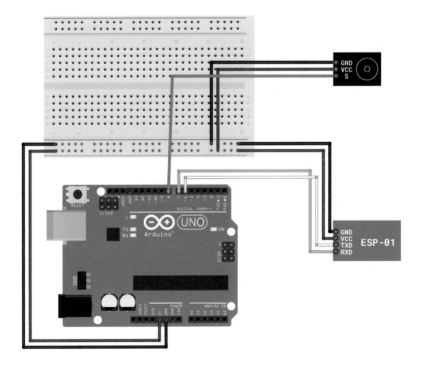

01 | 아두이노의 5V와 브레드보드(https://bit.ly/2MjHaU4)의 빨간선을 점퍼 와이어로 연결해주세요. 이렇게 하면 연결된 빨간선 모두가 5V가 돼요.

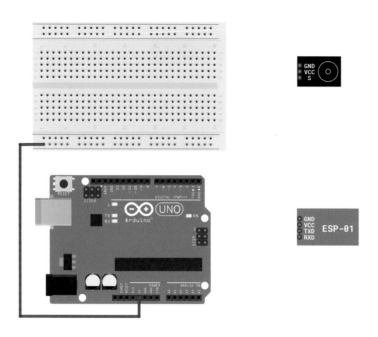

02 | 아두이노의 GND와 브레드보드의 파란선을 점퍼 와이어로 연결해주세요. 이렇게 하면 연결된 파란선 모두가 그라운드가 돼요.

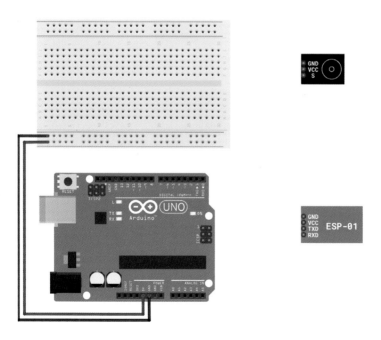

03 | ESP-01을 연결해주세요. ESP-01에 연결하는 핀은 이전과 동일해요.

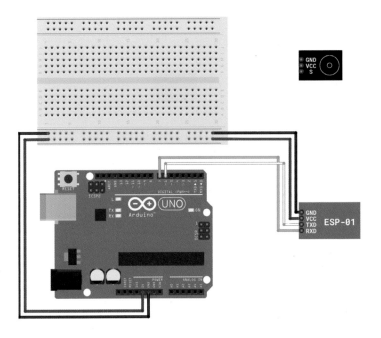

04 | 피에조 스피커(https://bit.ly/3F99Hqi)의 VCC핀을 점퍼 와이어로 빨간선에 연결해주세요.

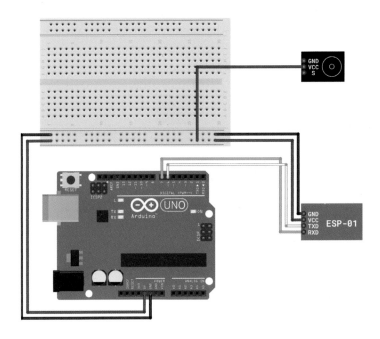

05 | 피에조 스피커의 GND핀을 점퍼 와이어로 파란선에 연결해주세요.

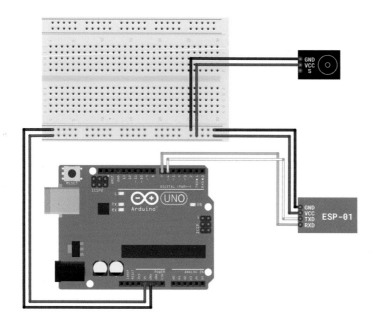

06 | 피에조 스피커의 S핀을 점퍼 와이어로 아두이노 8번 핀에 연결해주세요. 8번 핀을 통해 피에조 스피커의 신호를 출력해줄 거예요.

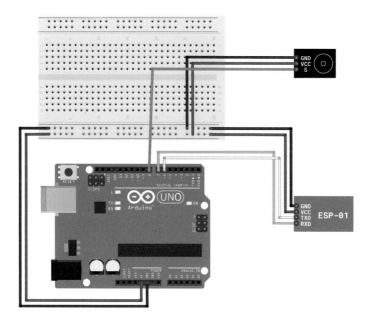

07 | 완성된 모습이에요!

코드 3-1   피에조 스피커 사용하기(bit.ly/3DgFlcL)

```
1    #define BLYNK_PRINT Serial
2
3    #define BLYNK_TEMPLATE_ID ""
4    #define BLYNK_DEVICE_NAME ""
5    #define BLYNK_AUTH_TOKEN ""
6
7    #include <ESP8266_Lib.h>
8    #include <BlynkSimpleShieldEsp8266.h>
9
10   char auth[] = BLYNK_AUTH_TOKEN;
11
12   char ssid[] = "YourNetworkName";
13   char pass[] = "YourPassword";
14
15   #include <SoftwareSerial.h>
16   SoftwareSerial EspSerial(6, 7); // RX, TX
```

```
17
18   #define ESP8266_BAUD 9600
19   #define PIN_BUZZER 8
20
21   ESP8266 wifi(&EspSerial);
22
23   BLYNK_WRITE(V0)
24   {
25     int pinData = param.asInt();
26
27     if (pinData) {
28       tone(PIN_BUZZER, 33);
29     } else {
30       noTone(PIN_BUZZER);
31     }
32   }
33
34   void setup()
35   {
36     Serial.begin(9600);
37     delay(10);
38
39     EspSerial.begin(ESP8266_BAUD);
40     delay(10);
41
42     Blynk.begin(auth, wifi, ssid, pass);
43   }
44
45   void loop()
46   {
47     Blynk.run();
48   }
```

아두이노 IDE를 실행하고 새 스케치를 열어주세요. 'blynk.cloud'에서 앞에서 추가한 Youngjin 기기 페이지의 [Device Info] 탭을 보면, [코드 3-1]의 3~5번 줄에 있는 것과 같은 FIRMWARE CONFIGURATION 값들이 있는 것을 볼 수 있어요. 이 값들을 3~5번 줄에 덮어씌워 주세요. 그리고 12~13번 줄에 각각 WiFi SSID와 패스워드를 입력해주세요.

23번 줄을 보면 [코드 3-2]와 같이 함수 이름이 BLYNK_WRITE이고 매개변수 이름이 V0인 것을 볼 수 있어요. 블링크를 이용해 아두이노의 디지털, 아날로그 핀을 제어할 수 있는데, 추가적으로 가상의 핀을 제어할 수도 있어요. 이 가상의 핀은 실제로는 아두이노에 존재하지 않지만, 프로그램적으로 설정한 핀이라고 보면 돼요. 이런 가상의 핀은 앞 글자가 'V'로 시작하고 'V0'부터 시작해요. 여기서는 'V0'이라는 가상의 핀을 이용해 이 핀이 켜지면 피에조 스피커를 켜고, 꺼지면 피에조 스피커를 끌 거예요. 바로 23~32번 줄 함수 부분은 이 V0핀을 제어할 때 실행되는 함수를 뜻해요.

코드 3-2 BLYNK_WRITE 함수

```
BLYNK_WRITE(V0)
{
  int pinData = param.asInt();

  if (pinData) {
    tone(PIN_BUZZER, 33);
  } else {
    noTone(PIN_BUZZER);
  }
}
```

만약 V0이 아니라 V5핀을 제어한다면 [코드 3-3]과 같이 매개변수 부분만 V5로 바꿔주면 돼요.

코드 3-3 V5의 BLYNK_WRITE 함수

```
BLYNK_WRITE(V5)
```

[코드 3-1]의 25번 줄은 [코드 3-4]와 같이 블링크에서 전달한 값을 확인하는 부분이에요. 'param' 이라는 변수를 이용해 확인할 수 있는데, asInt 명령어를 사용해 int형 값으로 확인할 수 있어요. 이 값이 pinData 변수에 들어가요. 만약 V0을 켜면(HIGH) pinData의 값이 '1'이 되고, V0을 끄면(LOW) pinData의 값이 '0'이 돼요.

코드 3-4 BLYNK_WRITE에서 블링크에서 전달한 값 확인

```
int pinData = param.asInt();
```

[코드 3-1]의 27~32번 줄은 [코드 3-5]와 같이 pinData 변수 값에 따라 피에조 스피커를 켜거나 끄도록 하는 부분이에요. pinData의 값이 '1' 즉, 참이 되면 tone 명령어를 이용해 피에조 스피커가 연결된 핀(PIN_BUZZER)으로 33 헤르츠(Hertz)의 신호가 나가도록 만들어요. 그리고 반대로 pinData의 값이 '0' 즉, 거짓이 되면 noTone 명령어를 이용해 피에조 스피커를 꺼요. 피에조 스피커를 다루는 것과 관련해 보다 자세히 알고 싶다면 '아두이노, 상상을 현실로 만드는 프로젝트 입문편(2017, 영진닷컴)'을 확인해주세요. 코드가 준비됐다면 아두이노에 업로드해 주세요.

코드 3-5 피에조 스피커 제어하는 부분

```
if (pinData) {
  tone(PIN_BUZZER, 33);
} else {
  noTone(PIN_BUZZER);
}
```

'blynk.cloud'에서 Youngjin 템플릿 페이지로 이동하고 [Datastreams] 탭을 클릭해주세요. 그리고 우측 상단에 [Edit] 버튼을 클릭해주세요. 버튼을 클릭하면 편집 모드로 바뀌는데, 데이터스트림 목록에서 전체 선택을 하고 삭제 버튼을 클릭해주세요.

삭제 버튼을 클릭하면 다음과 같이 다이얼로그가 떠요. 여기서 글자를 입력하는 곳에 'DELETE'를 입력하고 체크 박스를 선택한 뒤 [Delete] 버튼을 클릭해주세요. 그럼 모든 데이터스트림이 삭제돼요.

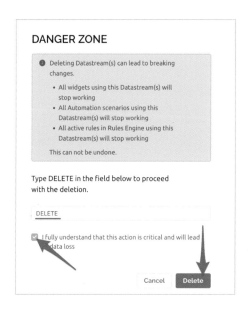

이제 데이터스트림을 추가해야 하는데 [New Datastream] 버튼을 클릭하고, [Virtual Pin]을 선택해주세요. 앞에서 코드에서 사용하는 가상의 핀을 제어하기 위함이에요.

클릭하면 다음과 같이 다이얼로그가 떠요. [NAME]에 원하는 이름을 입력하고, [PIN]에서 'V0'을 선택해주세요. 그리고 [DATA TYPE]은 'Integer'를 선택해주세요. 다 선택했다면 [Create] 버튼을 클릭해주세요. 클릭하면 추가한 데이터스트림이 목록에 표시되는 것을 볼 수 있어요. 그리고 우측 상단에 [Save And Apply] 버튼을 클릭하면 변경사항이 적용돼요.

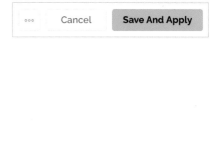

Blynk IoT 모바일 앱을 열어주세요. 우측 상단의 기어 모양 아이콘처럼 생긴 [Developer Mode]를 선택해주세요.

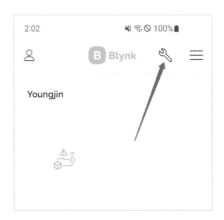

Developer Mode로 이동하면 앞에서 만든 Youngjin 템플릿을 선택해주세요.

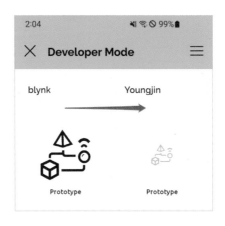

기존에 추가했던 버튼 위젯을 클릭해주세요. 클릭하면 설정 화면으로 이동하는데, 'blynk.cloud'에서 모든 데이터스트림을 삭제하고 BUZZER 데이터스트림을 추가했기 때문에 아마 BUZZER 데이터스트림이 선택되어 있을 거예요. 혹시나 데이터스트림이 선택이 안 되어있다면 데이터스트림 목록에서 [BUZZER]를 선택해주세요.

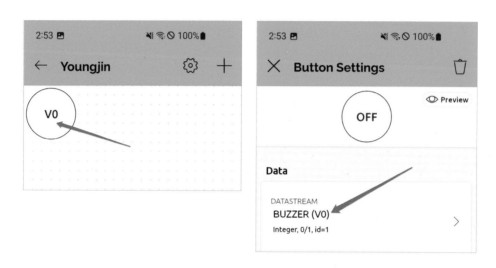

편집 모드로 빠져나온 뒤 아두이노가 블링크에 연결되었는지 확인해주세요. 연결된 상태라면 버튼이 켜지면 피에조 스피커가 울리고, 버튼이 꺼지면 피에조 스피커가 꺼지는 것을 확인할 수 있어요. 한번 피에조 스피커의 음을 바꾸거나 대시보드에서 버튼을 추가해 각기 다른 음이 나도록 만들어보세요.

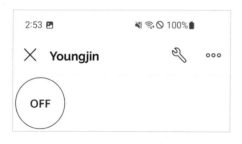

웹 대시보드

이번에 블링크가 업데이트되면서 바뀐 점 중의 하나가 웹 대시보드가 생겼다는 거예요. 모바일 앱에서 모바일 대시보드로 블링크에 연결된 아두이노를 제어할 수 있듯이 똑같이 'blynk.cloud'에서 웹 대시보드를 이용해 블링크에 연결된 아두이노를 제어할 수 있어요. 이때 데이터스트림은 모바일 대시보드, 웹 대시보드 모두 공유해서 사용해요. 피에조 스피커 프로젝트의 데이터스트림이 그대로 있다는 가정하에 어떻게 웹 대시보드를 사용할 수 있는지 살펴볼게요.

'blynk.cloud'에서 Youngjin 템플릿 페이지로 이동하고 [Web Dashboard] 탭을 클릭해주세요. 그리고 우측 상단에 [Edit] 버튼을 클릭해주세요. 버튼을 클릭하면 다음과 같이 편집 모드로 바뀌어요.

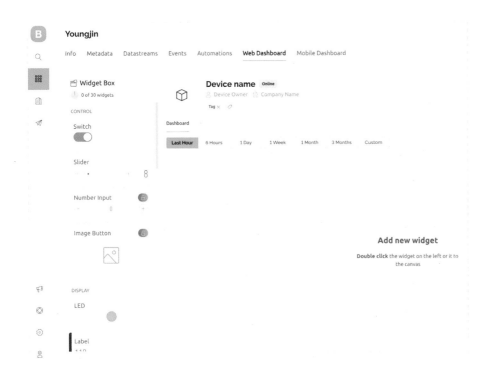

웹 대시보드의 경우 모바일 대시보드와는 위젯이 약간 다르게 생겼는데, 기능은 동일한 것
들이 많아요. 위젯 박스에서 스위치(Switch)를 드래그해서 대시보드 영역 안에 놓아주세
요. 추가하면 복사, 설정, 삭제 아이콘이 표시돼요. 여기서 가운데 설정 아이콘을 클릭해주
세요.

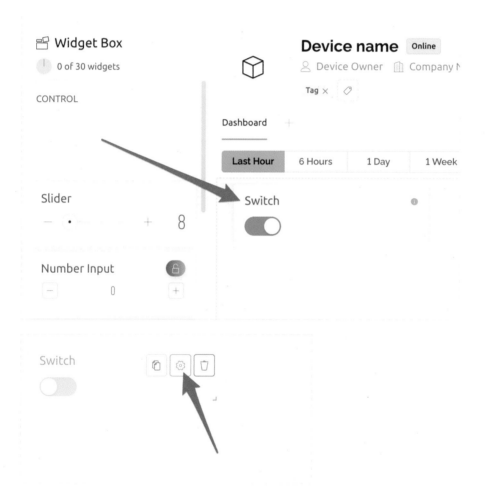

클릭하면 다이얼로그가 뜨는데, 여기서 원하는 이름을 입력하고 사용할 데이터스트림을
선택해주세요. 설정을 다 했다면 우측 하단에 [Save] 버튼을 클릭해주세요. 다이얼로그가
닫히면 다시 한번 우측 상단에 [Save And Apply] 버튼을 클릭해서 저장해주세요.

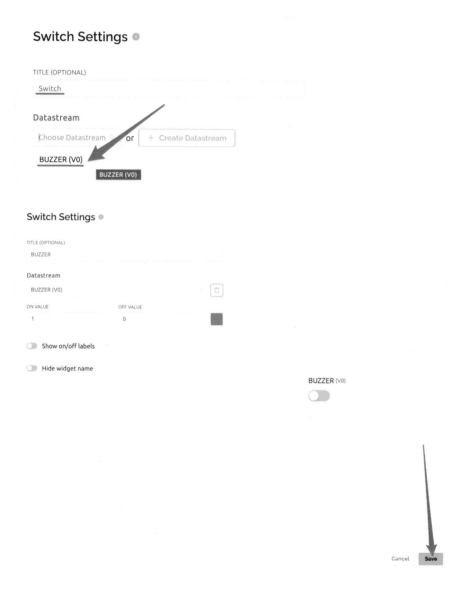

이제 설정한 웹 대시보드를 사용할 준비가 됐어요. 좌측 메뉴에서 디바이스 목록 메뉴를 클릭하고, Youngjin 기기를 선택해주세요. 그럼 앞에서 설정한 웹 대시보드를 볼 수 있어요. 아두이노가 블링크에 연결된 상태에서 스위치를 조작하면 모바일 대시보드에서와 같이 피에조 스피커가 켜졌다 꺼지는 것을 볼 수 있어요.

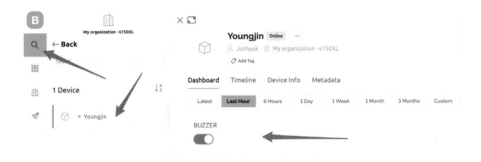

PART

04

삼색 LED 사용하기

이번 파트에서는 아두이노에 삼색 LED를 연결하고 블링크로
제어하는 내용을 알아볼 거예요. 삼색 LED는 여러 색을 만들 수 있는
빨강, 파랑, 초록 3개의 LED로 이뤄져 있고, 3개의 LED를 아날로그 출력으로
제어해 원하는 색을 만드는 부품이에요. 여기서는 슬라이더를 이용해
이 삼원색의 값을 설정해 색을 바꿔 볼 거예요.

삼색 LED 사용하기

준비물

| 아두이노 UNO 1개 | ESP-01 1개 | 삼색 LED 1개 | 점퍼 와이어 8개 |

아두이노 보드 연결은 **[회로도 4-1]**과 같이 해요. 그림을 보며 하나씩 따라 연결해주세요.

회로도 4-1 삼색 LED 사용하기

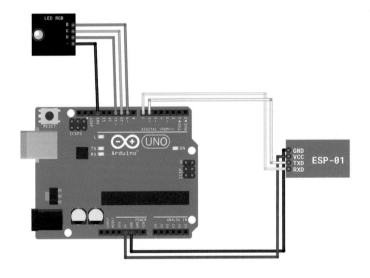

01 | ESP–01을 연결해주세요. ESP–01에 연결하는 핀은 이전과 동일해요.

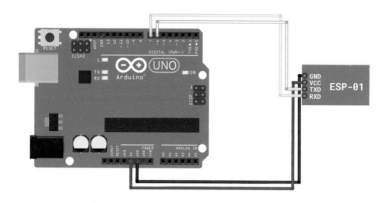

02 | 삼색 LED(https://bit.ly/3JqiXc9)의 B핀을 아두이노 9번 핀에 연결해주세요. 삼색 LED의 파랑 LED를 제어하는 핀이에요.

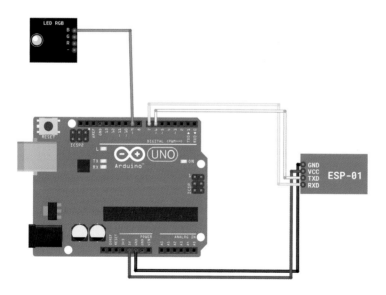

03 | 삼색 LED의 G핀을 아두이노 10번 핀에 연결해주세요. 삼색 LED의 초록 LED를 제어하는 핀이에요.

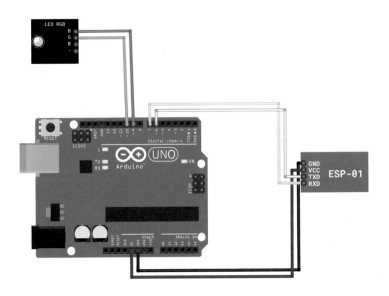

04 | 삼색 LED의 R핀을 아두이노 11번 핀에 연결해주세요. 삼색 LED의 빨강 LED를 제어하는 핀이에요.

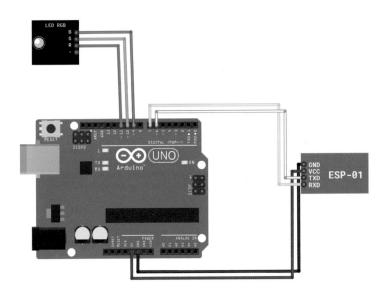

05 │ 삼색 LED의 −핀을 아두이노 GND핀에 연결해주세요. 삼색 LED의 그라운드와 아두이노의 그라운드를 연결해주는 거예요.

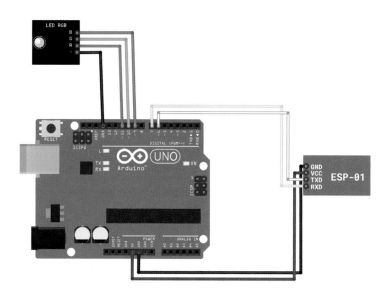

06 │ 완성된 모습이에요!

코드 4-1 삼색 LED 사용하기(bit.ly/38nmybk)

```
1    #define BLYNK_PRINT Serial
2
3    #define BLYNK_TEMPLATE_ID ""
4    #define BLYNK_DEVICE_NAME ""
5    #define BLYNK_AUTH_TOKEN ""
6
7    #include <ESP8266_Lib.h>
8    #include <BlynkSimpleShieldEsp8266.h>
9
10   char auth[] = BLYNK_AUTH_TOKEN;
11
12   char ssid[] = "YourNetworkName";
13   char pass[] = "YourPassword";
14
15   #include <SoftwareSerial.h>
16   SoftwareSerial EspSerial(6, 7); // RX, TX
17
18   #define ESP8266_BAUD 9600
19
20   ESP8266 wifi(&EspSerial);
21
22   void setup()
23   {
24     Serial.begin(9600);
25     delay(10);
26
27     EspSerial.begin(ESP8266_BAUD);
28     delay(10);
29
30     Blynk.begin(auth, wifi, ssid, pass);
31   }
32
```

```
33    void loop()
34    {
35      Blynk.run();
36    }
```

아두이노 IDE를 실행하고 새 스케치를 열어주세요. 'blynk.cloud'에서 앞에서 추가한 Youngjin 기기 페이지의 [Device Info] 탭을 보면, **[코드 4-1]**의 3~5번 줄에 있는 것과 같은 FIRMWARE CONFIGURATION 값들이 있는 것을 볼 수 있어요. 이 값들을 3~5번 줄에 덮어씌워 주세요. 그리고 12~13번 줄에 각각 WiFi SSID와 패스워드를 입력해주세요. 코드가 준비됐다면 아두이노에 업로드해 주세요.

'blynk.cloud'에서 Youngjin 템플릿 페이지로 이동하고 [Datastreams] 탭을 클릭한 후 기존에 있는 모든 데이터스트림을 다 삭제해주세요. 모든 데이터스트림이 삭제됐다면 [New Datastream] 버튼을 클릭하고 [Analog]를 선택해주세요.

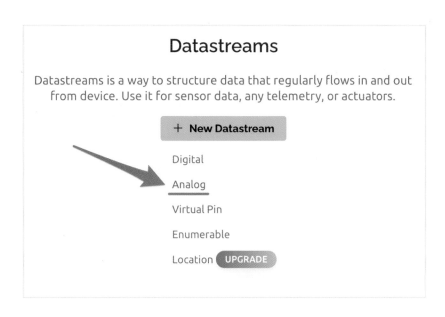

클릭하면 다음과 같이 다이얼로그가 떠요. 이 데이터스트림은 삼색 LED에서 빨간색을 제어할 것이므로 이름을 'RED'라고 설정할 거예요. 그리고 [ALIAS] 우측에 데이터스트림 색을 지정할 수 있는데, 구분하기 쉽게 이 색도 빨간색으로 설정해주세요. [PIN]은 '11'을 선택하고 [PIN MODE]에서 출력을 뜻하는 'Output'을 선택해주세요. 그리고 최솟값 [MIN]은 '0'을 최댓값 [MAX]를 '255'로 설정해주세요. 다 입력했다면 [Create] 버튼을 클릭해주세요.

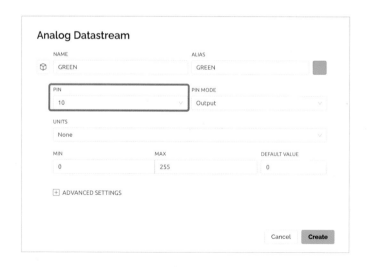

같은 방법으로 삼색 LED의 초록색과 파란색을 제어할 데이터스트림도 추가해주세요. 초록색은 '10번' 핀, 파란색은 '9번' 핀을 지정해주면 돼요. 데이터스트림을 다 추가했다면 [Save And Apply] 버튼을 클릭해 저장해주세요.

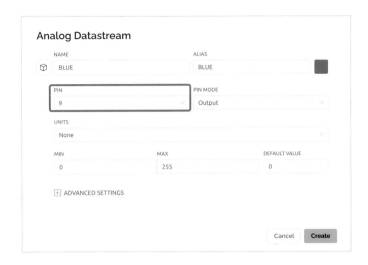

Blynk IoT 모바일 앱을 열어주세요. 우측 상단의 기어 모양 아이콘처럼 생긴 [Developer Mode]를 선택해주세요.

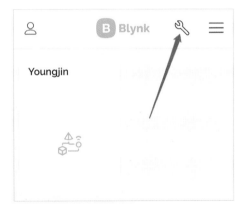

Developer Mode로 이동하면 앞에서 만든 Youngjin 템플릿을 선택해주세요.

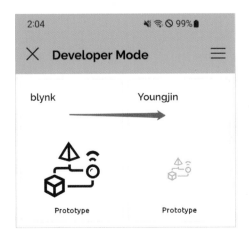

편집 모드로 바뀐 다음에 기존에 있는 위젯을 드래그해서 우측 상단에 놓으면 삭제할 수 있어요.

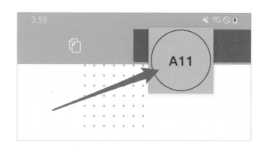

위젯 박스 메뉴에서 [Slider]를 선택해주세요. 선택하면 슬라이더가 대시보드에 추가되는데, 추가된 슬라이더를 오래 눌러주세요. 그럼, 다음과 같이 크기를 조절할 수 있는 표시가 뜨는 것을 볼 수 있어요. 너비를 최대로 늘려주세요. 다 늘렸다면 대시보드의 빈 곳을 터치해주세요. 그럼 크기 조절 표시가 사라져요.

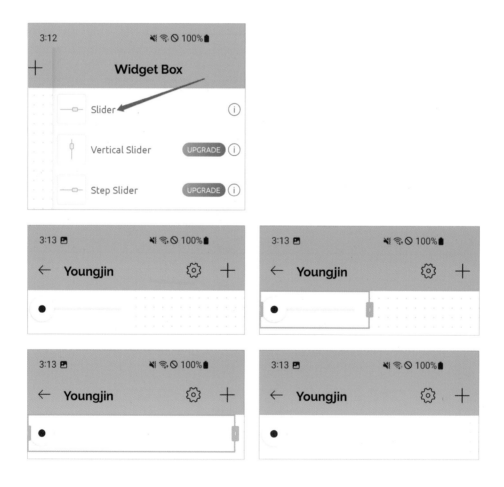

이제 슬라이더 설정 화면으로 들어가세요. 우선 삼색 LED의 빨간색을 설정하는 슬라이더를 만들 거예요. 따라서 이름을 '빨강'으로 설정해주세요. 그리고 [Color]의 색상을 클릭하면 원하는 색을 설정할 수 있어요. 여기서는 빨간색을 선택했어요.

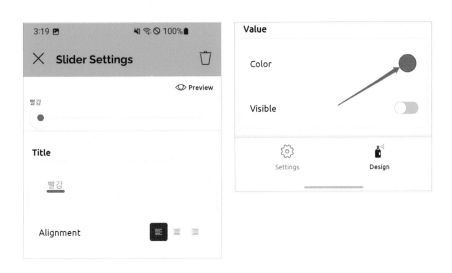

다음으로 데이터스트림을 선택해주세요. 아까 빨간색을 위해 만든 RED라는 이름의 데이터스트림을 선택해주세요. 빨간색을 위한 설정이 완료됐어요. 다시 대시보드로 이동한 뒤 슬라이더 위젯을 드래그해서 좌측 상단에 놔주세요. 그럼 똑같은 형태의 슬라이더를 복제해줘요. 이와 같은 방법으로 초록색, 파란색용 슬라이더도 추가해주세요. 데이터스트림의 경우 초록색은 'GREEN', 파란색은 'BLUE'를 선택해주세요.

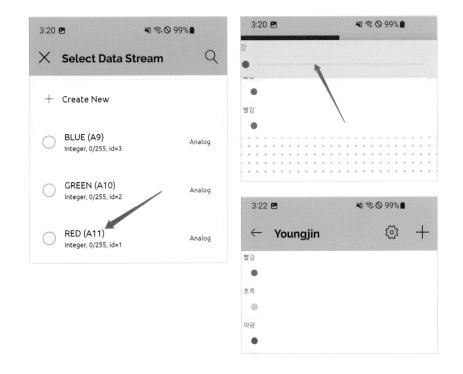

모두 추가했다면 편집 모드에서 빠져나와서, 각 슬라이더의 값을 바꿔보세요. 그럼 아두이노에 연결된 삼색 LED의 색이 바로 바뀌는 것을 볼 수 있어요.

zeRGBa 사용하기

이번에는 색을 쉽게 선택할 수 있는 zeRGBa를 사용할 거예요. Youngjin 템플릿 하단에 zeRGBa를 추가해주세요. 그리고 추가한 zeRGBa의 설정으로 들어가세요.

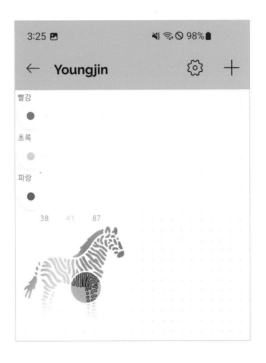

설정 화면으로 들어오면 색마다 데이터스트림을 설정할 수 있어요. R, G, B에 맞춰 각각 데이터스트림 'RED, GREEN, BLUE'를 선택해주세요.

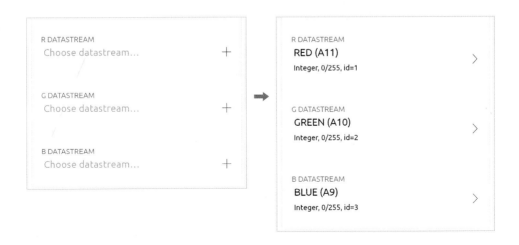

실행하고 zeRGBa의 커서를 옮기면 커서의 위치에 따라 색이 바뀌는 것을 볼 수 있어요. 마찬가지로 슬라이더와 증감 버튼의 값도 같이 바뀌어요.

데이터스트림

블링크가 업데이트되면서 많이 바뀐 점 중에 또 하나는 데이터스트림이에요. 전에는 위젯에서 디지털, 아날로그, 가상 핀들 중 하나를 선택하고 설정을 했었는데, 이제는 데이터스트림을 우선 설정하고 위젯에서 이 데이터스트림을 사용하는 형태로 바뀌었어요. 따라서 데이터스트림의 종류와 어떤 특징들이 있는지 살펴볼 거예요. 우선 데이터스트림은 'Digital, Analog, Virtual Pin, Enumerable, Location' 5

| Digital |
| Analog |
| Virtual Pin |
| Enumerable |
| Location **UPGRADE** |

종류로 되어있어요. 종류는 차후 업데이트되면서 추가될 수도 있고, 이 중 'Location'의 경우에는 유료 사용자만 사용이 가능해요. 아두이노나 하드웨어에서 가상 핀을 이용해 위도, 경도와 같은 위치 정보를 받을 수 있는 데이터스트림이라는 것만 알면 돼요.

일반적으로 데이터스트림들의 경우 이름(NAME)과 별칭(ALIAS)을 가졌다는 것은 모두 동일해요. 우선 'Digital'은 아두이노나 하드웨어의 디지털 핀을 사용하는 데이터스트림을 뜻해요. [PIN]에서 사용하려는 디지털 핀을 선택하고 [PIN MODE]에서 출력(Output), 입력(Input, Input pull up, Input pull down) 중 원하는 핀 모드를 선택할 수 있어요.

Digital Datastream

NAME
LED

ALIAS
LED

PIN
2

PIN MODE
Output

Output
Input
Input pull up
Input pull down

⊞ ADVANCED SETTINGS

Cancel   Create

다음으로 'Analog'는 아두이노나 하드웨어의 아날로그 핀을 사용하는 데이터스트림을
뜻해요. [PIN]에서 사용하고자 하는 아날로그 핀을 선택하고 [PIN MODE]에서 출력
(Output), 입력(Input, Input pull up, Input pull down) 중 원하는 핀 모드를 선택할
수 있어요.

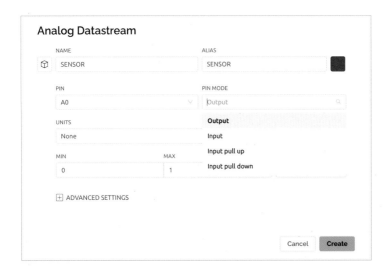

그리고 'Virtual Pin'은 가상 핀을 이용하는 데이터스트림이에요. [PIN]에서 사용하고
자 하는 가상 핀을 선택하고, [DATA TYPE]에서 정수(Integer), 실수(Double), 텍스트
(String) 중 원하는 타입을 선택할 수 있어요.

Virtual Pin Datastream

	NAME	ALIAS	
	STATUS	STATUS	

PIN
V0

DATA TYPE
Integer

UNITS
None

Integer
Double
String

MIN
0

MAX
1

Default Value

⊞ ADVANCED SETTINGS

Cancel **Create**

마지막으로 'Enumerable'도 어찌 보면 가상 핀을 이용하는 데이터스트림인데, 다른 점은
어떤 숫자 값을 정해진 텍스트로 바꿔준다는 게 달라요. 예를 들어, 다음과 같이 설정했을
때 아두이노나 하드웨어에서 가상 핀 V0으로 '0'을 입력하면 'OPEN'이라는 글자로 바꾸
고, '1'을 입력하면 'SAVE', '2'를 입력하면 'DELETE'로 바뀌게 돼요.

Enumerable Datastream

This datastream accepts a fixed set of values and transforms them into desired outcomes.

NAME
MENU

ALIAS
MENU

PIN
V0

DEFAULT VALUE
Default Value

	INCOMING (INT)	OUTCOME (STRING)	
	Unknown	Fallback value (optional)	
	0	OPEN	
	1	SAVE	
	2	DELETE	

+ Add Row

⊞ ADVANCED SETTINGS

Cancel **Create**

PART

05

버튼 사용하기

이번 파트에서는 아두이노에 버튼을 연결하고
블링크로 제어하는 내용을 알아볼 거예요. 우선 버튼을 연결한 뒤
시리얼 모니터를 이용해 버튼이 눌리거나 떼질 때
메시지가 표시되도록 할 거예요.

준비물

| 아두이노 UNO 1개 | ESP-01 1개 | 버튼 1개 | 점퍼 와이어 6개 | 브레드보드 1개 |

아두이노 보드 연결은 [회로도 5-1]과 같이해요. 그림을 보며 하나씩 따라 연결해주세요.

회로도 5-1 버튼 사용하기

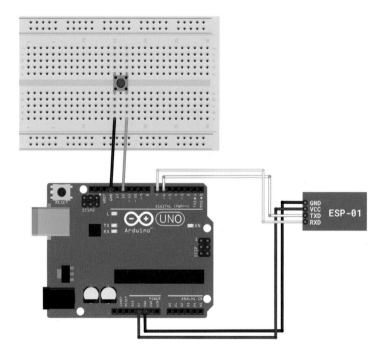

01 | ESP-01을 연결해주세요. ESP-01에 연결하는 핀은 이전과 동일해요.

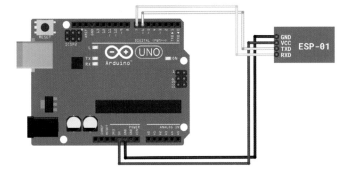

02 | 브레드보드에 버튼(https://bit.ly/3yrEDOW)을 끼우고 버튼 한쪽 다리에 있는 줄과 아두이노
　　　 GND를 점퍼 와이어로 연결해주세요.

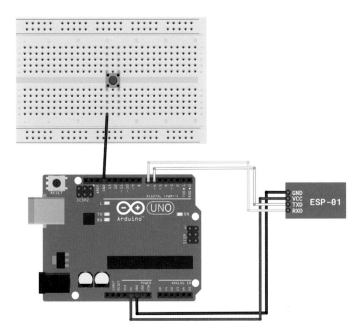

03 | 버튼의 다른 쪽 다리가 있는 줄과 아두이노 12번 핀을 점퍼 와이어로 연결해주세요.

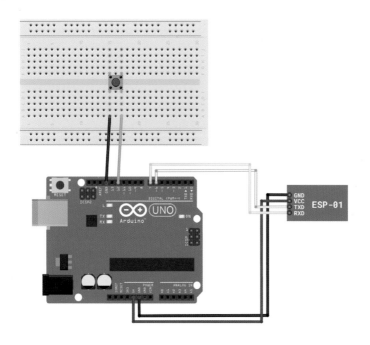

04 | 완성된 모습이에요!

코드 5-1 버튼 사용하기(bit.ly/3CWCScX)

```
1    #define BLYNK_PRINT Serial
2
3    #define BLYNK_TEMPLATE_ID ""
4    #define BLYNK_DEVICE_NAME ""
5    #define BLYNK_AUTH_TOKEN ""
6
7    #include <ESP8266_Lib.h>
8    #include <BlynkSimpleShieldEsp8266.h>
9
10   char auth[] = BLYNK_AUTH_TOKEN;
11
12   char ssid[] = "YourNetworkName";
13   char pass[] = "YourPassword";
14
15   #include <SoftwareSerial.h>
16   SoftwareSerial EspSerial(6, 7); // RX, TX
17
18   #define ESP8266_BAUD 9600
19   #define PIN_BUTTON 12
20
21   ESP8266 wifi(&EspSerial);
22
23   BlynkTimer timer;
24
25   int pState = HIGH;
26
27   void buttonEvent() {
28     int state = digitalRead(PIN_BUTTON);
29
30     if (state == HIGH && pState == LOW) {
31       // released
32       BLYNK_LOG("Released!");
```

```
33        } else if (state == LOW && pState == HIGH) {
34          // pressed
35          BLYNK_LOG("Pressed!");
36        }
37
38      pState = state;
39    }
40
41    void setup()
42    {
43      Serial.begin(9600);
44      delay(10);
45
46      EspSerial.begin(ESP8266_BAUD);
47      delay(10);
48
49      Blynk.begin(auth, wifi, ssid, pass);
50
51      pinMode(PIN_BUTTON, INPUT_PULLUP);
52
53      timer.setInterval(100L, buttonEvent);
54    }
55
56    void loop()
57    {
58      Blynk.run();
59      timer.run();
60    }
```

아두이노 IDE를 실행하고 새 스케치를 열어주세요. 'blynk.cloud'에서 앞에서 추가한 Youngjin 기기 페이지의 [Device Info] 탭을 보면, **[코드 5-1]**의 3~5번 줄에 있는 것과 같은 FIRMWARE CONFIGURATION 값들이 있는 것을 볼 수 있어요. 이 값들을 3~5번 줄에 덮어씌워 주세요.

그리고 12~13번 줄에 각각 WiFi SSID와 패스워드를 입력해주세요. 앞에서 버튼을 아두이노 12 번 핀에 연결했는데, 19번 줄에 이 12번 핀을 나타내는 매크로 상수를 선언했어요. 그리고 이를 이용해 51번 줄에서 버튼 핀을 설정해줘요. INPUT_PULLUP을 이용해서 평소 버튼이 안 눌렸을 때 상태가 HIGH가 되도록 해놨어요. 버튼을 누르면 그라운드가 12번 핀과 연결되게 되고 12번 핀의 전압이 '0' 즉 LOW가 돼요. 이를 통해 버튼이 눌렸는지 떼졌는지 확인해요.

23번 줄을 보면 BlynkTimer 타입의 변수를 선언했어요. 이 변수를 사용하는 이유는 버튼을 제어 하기 위해서예요. 원래 아두이노에서 버튼을 제어하는 경우 loop 함수에 필요한 코드를 넣어서 제 어해요. 하지만 블링크 프로젝트의 경우 loop 함수에서 블링크 서버와 통신하는 중요한 작업이 들 어가기 때문에 함부로 loop 함수 안에 코드를 넣으면 안 돼요. 따라서 타이머라는 기능을 사용하는 데, 특정 주기마다 특정 함수를 호출해주는 기능이에요. 53번 줄에서 setInterval 명령어를 이용 해 타이머의 주기와 호출할 함수를 설정해요.

여기서는 0.1초 즉 100 밀리 초에 해당되는 100을 앞 매개변수에 넣고, 그다음에 buttonEvent 함 수 이름을 넣었어요. 이렇게 하면 0.1초마다 buttonEvent 함수가 실행돼요. 마지막으로 타이머가 정상적으로 돌아가게 하기 위해 loop 함수에서 Blynk.run 명령어 다음에 timer.run 명령어가 실 행되도록 해놨어요.

25번 줄을 보면 이전 버튼의 상태를 기록하는 pState 변수를 선언했어요. 이 변수를 0.1초마다 호 출되는 buttonEvent 함수에서 사용해요. 28번 줄에서 현재 버튼 상태를 읽어서 state 변수에 저 장해요. 그리고 이 state 변수와 pState 변수를 이용해 버튼이 눌렸는지 떼졌는지 확인해요.

pState의 값이 HIGH이고 state의 값이 LOW면 버튼이 눌려졌다는 뜻이에요. 바로 35번 줄에 해 당돼요. 반대로 pState의 값이 LOW이고 state의 값이 HIGH면 버튼이 떼졌다는 뜻이에요. 바로 32번 줄에 해당돼요. 32, 35번 줄에 있는 BLYNK_LOG는 시리얼 모니터로 글자를 출력하는 명 령어예요. 1번 줄과 같이 BLYNK_PRINT 매크로 상수가 선언됐을 때 사용할 수 있는 명령어예요. 이 명령어를 이용해 시리얼 모니터에 글자를 출력해요.

코드가 준비됐다면 아두이노에 업로드해 주세요. 업로드하고 시리얼 모니터를 열어주세요. 그리고 버튼을 누르거나 떼면, 시리얼 모니터에 'Pressed!' 또는, 'Released!'라는 글자가 표시되는 것을 볼 수 있어요.

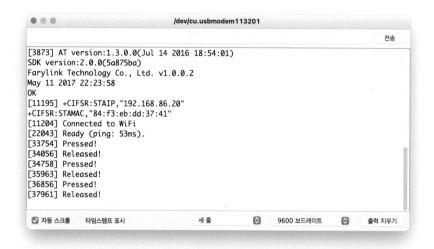

LED 위젯 사용하기

이번에는 버튼을 이용해 블링크 대시보드 상에 LED 위젯을 껐다 켜는 것을 해볼 거예요. 대신 코드만 [코드 5-2]를 사용할 거예요.

코드 5-2 LED 위젯 사용하기(bit.ly/3C2QRfZ)

```
1    #define BLYNK_PRINT Serial
2
3    #define BLYNK_TEMPLATE_ID ""
4    #define BLYNK_DEVICE_NAME ""
5    #define BLYNK_AUTH_TOKEN ""
6
7    #include <ESP8266_Lib.h>
8    #include <BlynkSimpleShieldEsp8266.h>
9
10   char auth[] = BLYNK_AUTH_TOKEN;
11
12   char ssid[] = "YourNetworkName";
13   char pass[] = "YourPassword";
14
15   #include <SoftwareSerial.h>
16   SoftwareSerial EspSerial(6, 7); // RX, TX
17
18   #define ESP8266_BAUD 9600
19   #define PIN_BUTTON 12
20
21   ESP8266 wifi(&EspSerial);
22
23   BlynkTimer timer;
24   WidgetLED led(V0);
25
```

```
26    int pState = HIGH;
27
28    void buttonEvent() {
29      int state = digitalRead(PIN_BUTTON);
30
31      if (state == HIGH && pState == LOW) {
32        // released
33        BLYNK_LOG("Released!");
34        led.off();
35      } else if (state == LOW && pState == HIGH) {
36        // pressed
37        BLYNK_LOG("Pressed!");
38        led.on();
39      }
40
41      pState = state;
42    }
43
44    void setup()
45    {
46      Serial.begin(9600);
47      delay(10);
48
49      EspSerial.begin(ESP8266_BAUD);
50      delay(10);
51
52      Blynk.begin(auth, wifi, ssid, pass);
53
54      pinMode(PIN_BUTTON, INPUT_PULLUP);
55
56      timer.setInterval(100L, buttonEvent);
57    }
```

```
58
59      void loop()
60      {
61        Blynk.run();
62        timer.run();
63      }
```

앞에서와 같이 Youngjin 기기 페이지의 [Device Info] 탭에서 FIRMWARE CONFIGURATION 값들을 3~5번 줄에 덮어씌워 주세요. 그리고 12~13번 줄에 각각 WiFi SSID와 패스워드를 입력 해주세요. 버튼을 누르는 것에 따라 LED 위젯을 제어할 건데, 이를 위해 24번 줄에 WidgetLED 타입의 변수를 선언했어요. 변수를 선언할 때 제어할 가상 핀도 지정해주는 데 여기서는 V0 핀을 사용했어요. 뒤 블링크 쪽에서 똑같이 이 핀을 사용할 거예요. 기본적인 내용은 [코드 5-1]과 동일 한데, 34, 38번 줄에 LED 위젯 제어 코드가 추가된 것이 달라요. 34번 줄이 LED 위젯을 *끄는* 거 고, 38번 줄이 LED 위젯을 켜는 거예요.

'blynk.cloud'에서 Youngjin 템플릿 페이지로 이동하고 [Datastreams] 탭을 클릭한 후 기 존에 있는 모든 데이터스트림을 다 삭제해주세요. 모든 데이터스트림이 삭제됐다면 [New Datastream] 버튼을 클릭하고 [Virtual Pin]을 선택해주세요.

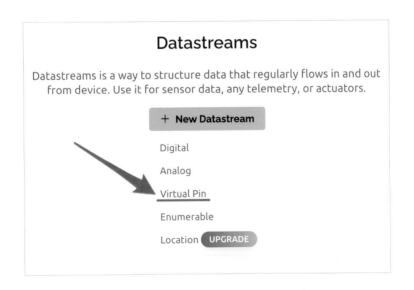

클릭하면 다음과 같이 다이얼로그가 떠요. 이 데이터스트림은 LED 위젯을 제어할 것이므로 [NAME]과 [ALIAS] 모두 'LED'라 입력했어요. [PIN]은 'V0'을 선택하고 [DATA TYPE]은 'Integer'를 선택해주세요. [MIN]과 [MAX]이 기본으로 '0'과 '1'이 되어있는데, 그냥 놔두면 돼요. 다 입력했다면 [Create] 버튼을 클릭해주세요. 다음으로 [Save And Apply] 버튼을 클릭해 저장 해주세요.

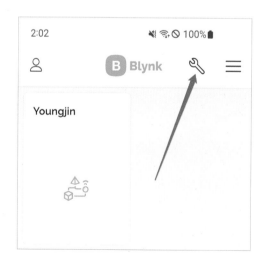

Blynk IoT 모바일 앱을 열어주세요. 우측 상단의 기어 모양 아이콘처럼 생긴 [Developer Mode] 를 선택해주세요.

Developer Mode로 이동하면 앞에서 만든 Youngjin 템플릿을 선택해주세요.

편집 모드로 바뀐 다음에 기존에 있는 위젯을 드래그해서 우측 상단에 놓으면 삭제할 수 있어요.

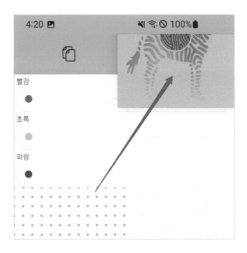

위젯 박스 메뉴에서 [LED]를 선택해서 추가해주세요.

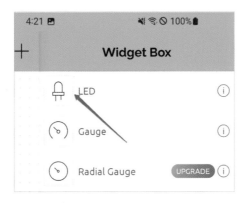

위젯 박스 메뉴에서 [LED]를 선택해서 설정 화면으로 들어가세요. 다음으로 데이터스트림을 선택해주세요. 아까 만든 LED라는 이름의 데이터스트림을 선택하면 돼요.

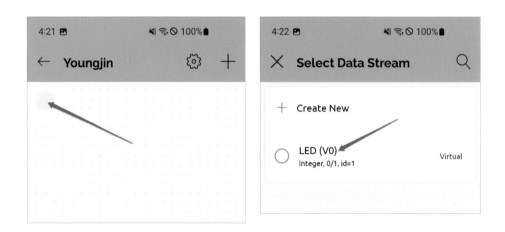

모두 설정했다면 편집 모드에서 빠져나와서 아두이노를 켜고 프로젝트를 실행하면 버튼의 눌림에 따라 LED가 켜지거나 꺼지는 것을 볼 수 있어요.

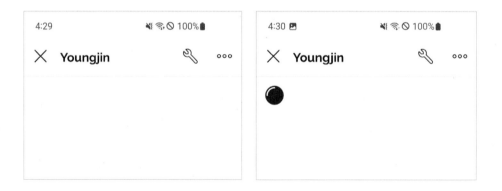

이벤트

이번에 블링크가 업데이트되면서 추가된 기능 중 하나가 이벤트예요. 이 기능은 말 그대로 하드웨어에서 특정한 이벤트가 발생했을 때 기록을 남기거나 사용자에게 알림을 보내는 일들을 해요. 예를 들어, 하드웨어에서 위험 신호를 감지했을 때 이 기능을 이용하면 언제 해당 이벤트가 발생했는지 확인한다거나, 곧바로 스마트폰으로 알림을 받을 수 있어요. 'blynk.cloud'에서 템플릿 화면으로 이동하면 [Events] 탭이 있는 것을 볼 수 있어요. 기본적으로 Online, Offline 이벤트가 등록되어 있어요.

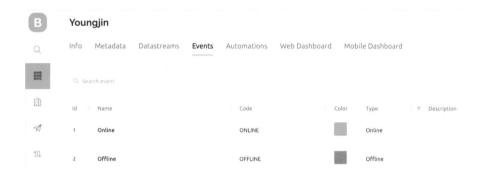

이 화면에서 우측 상단에 [Edit] 버튼을 클릭하고 [Add New Event] 버튼을 클릭해주세요.

클릭하면 다음과 같이 새 이벤트를 입력하는 다이얼로그가 떠요. [EVENT NAME]은 여러분이 원하는 걸로 자유롭게 입력이 가능해요. [EVENT CODE]는 하드웨어에서 이벤트를 발생시킬 때 사용해요. 따라서 너무 어렵지 않게 설정하는 게 좋아요. 이벤트의 종류는 'Info, Warning, Critical, Content' 이렇게 4 종류가 있어요. 그리고 아래 설정을 보면 [Send event to Notificaitons tab]을 이용해 모바일 앱에서 이벤트가 표시되도록 할 수 있어요. 그리고 [Send event to Timeline]을 이용해서 기기의 타임라인 화면에서 이벤트가 표시되도록 할 수 있어요. 마지막으로 [Apply a Tag]는 이용해 태그를 이용해 이벤트를 구별할 수 있게 해주는 기능인데, 태그를 사용하려면 시스템 설정에서 미리 사용할 태그들을 등록해야 여기서 사용할 수 있어요.

Add New Event

General　　Notifications

EVENT NAME
Button

EVENT CODE
button

TYPE

Info　　Warning　　Critical　　Content

DESCRIPTION (OPTIONAL)

Event description (optional)

0 / 300

🔘 **Send event to Notifications tab**
Make event visible in the notifications tab in the mobile app

🔘 **Send event to Timeline**
Make event visible in the Timeline

🔘 **Apply a Tag**
Device will be tagged when this Event is recorded. This tag can't be removed manually. When event is resolved, the tag will be removed automatically.

Cancel　　**Create**

다이얼로그에서 [Notifications] 탭을 클릭하면 알림 관련 설정을 할 수 있어요. 이벤트가 발생했을 때 이메일이나 푸쉬 알림이 가도록 설정할 수 있어요. 여기서는 'button'이라는 이름의 이벤트를 설정하고, 타입은 일반적으로 정보를 알려주는 Info 타입을 선택했어요. 다 설정했다면 [Save And Apply] 버튼을 클릭해 저장해주세요.

Add New Event

General · **Notifications**

🔵 Enable notifications

Default recipients

E-MAIL TO

Select contact

PUSH NOTIFICATIONS TO

Select contact

SMS TO

Select contact

Notifications limit

LIMIT PERIOD

1 hour

EVENT COUNTER

1

Notifications Management

When turned ON, end-users will access advanced notification management for this event

⚪ Enable notifications management

Cancel **Create**

이렇게 템플릿에서 이벤트 관련 설정을 했다면, 하드웨어에서 특정 이벤트가 발생했다
는 코드를 사용할 수 있어요. **[코드 5-3]**과 같이 안에 특정 이벤트 코드를 적고, Blynk.
logEvent 명령을 호출하면 돼요. 이벤트 코드 1개만 입력해서 호출할 수도 있고, 또는 두
번째 매개변수에 이벤트에 대한 상세 설명을 넣어 호출할 수 있어요. 이렇게 이벤트를 생
성하면 기기 화면의 [Timeline] 탭에서 이벤트가 발생한 걸 확인할 수 있어요. 이벤트는
하루에 기기 1개당 100개를 만들 수 있고, 이벤트 상세 설명의 경우 최대 300자까지 입력
할 수 있어요. 만약 여러분의 하드웨어에서 중요하게 확인해야 할 이벤트가 생길 수 있다
면 이 이벤트 기능을 사용해보세요.

코드 5-3 이벤트 생성하기

```
Blynk.logEvent("button");
Blynk.logEvent("button", "Someone pressed the button") ;
```

PART

06

조도 센서 사용하기

이번 파트에서는 아두이노에 조도 센서를 연결하고
블링크로 값을 확인하는 내용을 알아볼 거예요. 우선 조도 센서를 연결한 뒤
값 표시기를 이용해 값을 표시할 거예요.

조도 센서 사용하기

준비물

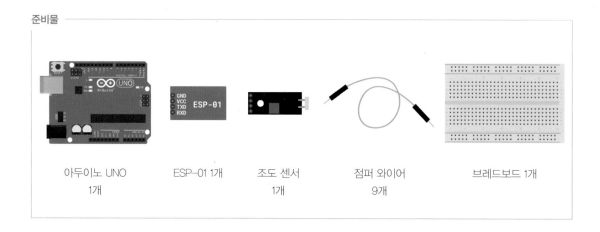

| 아두이노 UNO 1개 | ESP-01 1개 | 조도 센서 1개 | 점퍼 와이어 9개 | 브레드보드 1개 |

아두이노 보드 연결은 **[회로도 6-1]**과 같이 해요. 그림을 보며 하나씩 따라 연결해주세요.

회로도 6-1 조도 센서 사용하기

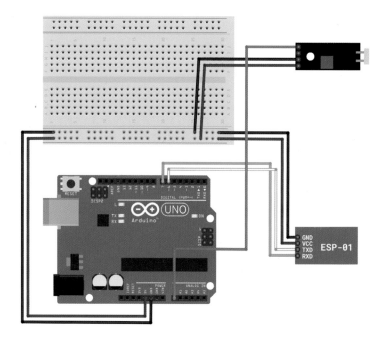

01 | 아두이노의 5V와 브레드보드의 빨간선을 점퍼 와이어로 연결해주세요. 이렇게 하면 연결된 빨간 선 모두가 5V가 돼요.

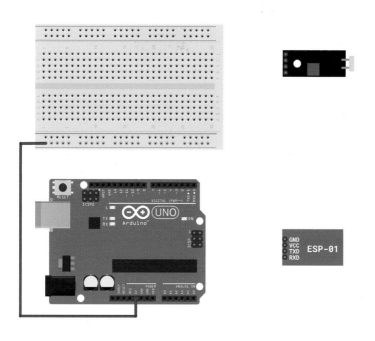

02 | 아두이노의 GND와 브레드보드의 파란선을 점퍼 와이어로 연결해주세요. 이렇게 하면 연결된 파란선 모두가 그라운드가 돼요.

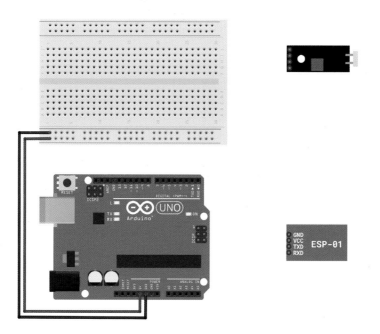

03 | ESP-01을 연결해주세요. ESP-01에 연결하는 핀은 이전과 동일해요.

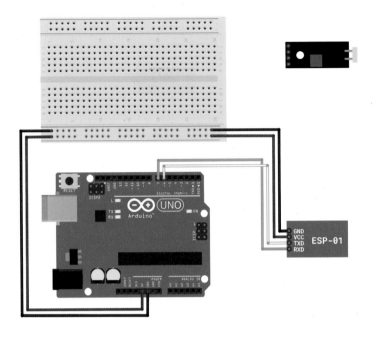

04 | 조도 센서(https://bit.ly/3T3iOtw)의 VCC핀을 점퍼 와이어로 빨간선에 연결해주세요.

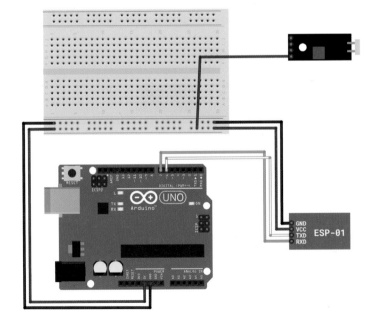

05 │ 조도 센서의 GND핀을 점퍼 와이어로 파란선에 연결해주세요.

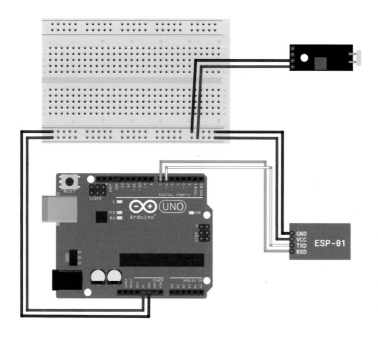

06 │ 조도 센서의 AO핀을 점퍼 와이어로 아두이노 A0번 핀에 연결해주세요. 조도 센서의 AO핀은 아날로그 출력 핀이고 DO핀은 디지털 출력 핀이에요. 아두이노 A0번 핀을 통해 아날로그 신호 입력을 확인할 거예요.

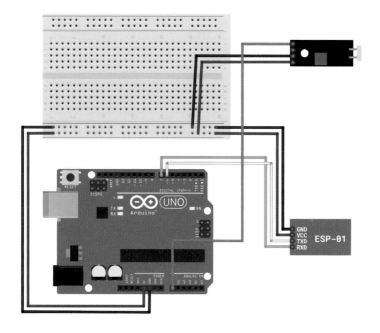

코드는 **[코드 4-1]**을 또 사용할 거예요. 'blynk.cloud'에서 앞에서 추가한 Youngjin 기기 페이지의 [Device Info] 탭을 보면, **[코드 4-1]**의 3~5번 줄에 있는 것과 같은 FIRMWARE CONFIGURATION 값들이 있는 것을 볼 수 있어요. 이 값들을 3~5번 줄에 덮어씌워 주세요. 그리고 12~13번 줄에 각각 WiFi SSID와 패스워드를 입력해주세요. 코드가 준비됐다면 아두이노에 업로드해 주세요.

'blynk.cloud'에서 Youngjin 템플릿 페이지로 이동하고 [Datastreams] 탭을 클릭한 후 기존에 있는 모든 데이터스트림을 다 삭제해주세요. 모든 데이터스트림이 삭제됐다면 [New Datastream] 버튼을 클릭하고 [Analog]를 선택해주세요.

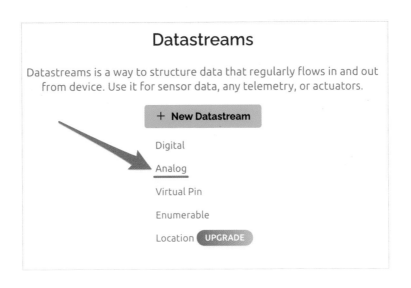

클릭하면 다음과 같이 다이얼로그가 떠요. 이 데이터스트림은 조도 센서의 값을 표시할 것이므로 [NAME]과 [ALIAS] 모두 'LIGHT'라 입력했어요. [PIN]은 'A0'을 선택하고 [PIN MODE]는 'Input'을 선택해주세요. [MIN]과 [MAX]는 '0'과 '1023'을 입력해주세요. 모두 입력했다면 [Create] 버튼을 클릭해주세요. 다음으로 [Save And Apply] 버튼을 클릭해 저장해주세요.

Analog Datastream

NAME	ALIAS
LIGHT	LIGHT

PIN	PIN MODE
A0	Input

UNITS
None

MIN	MAX	DEFAULT VALUE
0	1023	0

[+] ADVANCED SETTINGS

Cancel Create

Blynk IoT 모바일 앱을 열어주세요. 우측 상단의 기어 모양 아이콘처럼 생긴 [Developer Mode]를 선택해주세요.

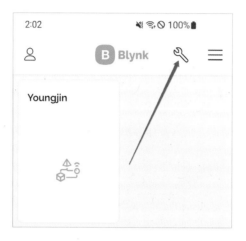

Developer Mode로 이동하면 앞에서 만든 Youngjin 템플릿을 선택해주세요.

편집 모드로 바뀐 다음에 기존에 있는 위젯을 드래그해서 우측 상단에 놓으면 삭제할 수 있어요.

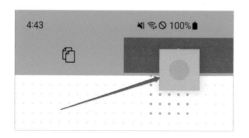

위젯 박스 메뉴에서 [Value Display]를 선택해서 추가해주세요.

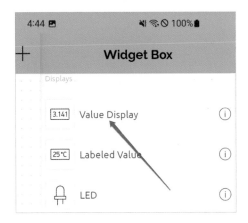

위젯 박스 메뉴에서 [Value Display]를 선택해서 설정 화면으로 들어가세요. 다음으로 데이터스트림을 선택해주세요. 아까 만든 'LIGHT'라는 이름의 데이터스트림을 선택하면 돼요.

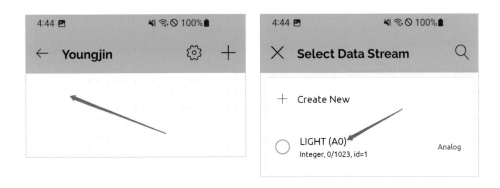

모두 설정했다면 편집 모드에서 빠져나와서 아두이노를 켜고 프로젝트를 실행하면 조도 센서의 값에 따라 [Value Display]의 값이 변하는 것을 볼 수 있어요.

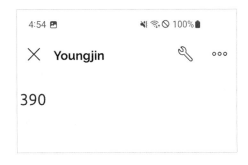

이번에는 [Value Display]가 아니라 [Gauge]를 이용해 조도 센서의 값을 표시해 볼 거예요. Youngjin 템플릿 하단에 [Gauge]를 추가해주세요.

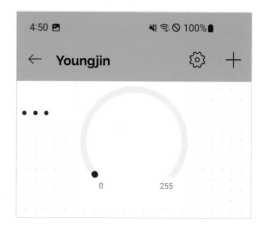

설정 화면으로 들어가서 [Value Display]에서 사용한 LIGHT 데이터스트림을 똑같이 선택해주세요.

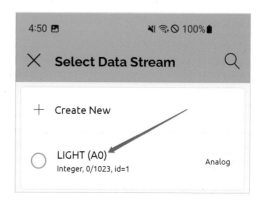

프로젝트를 실행하면 [Gauge]도 [Value Display]와 마찬가지로 값이 바뀌는 것을 볼 수 있어요.

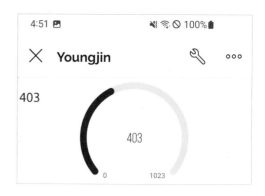

PART

07

온습도 센서 사용하기

이번 파트에서는 아두이노에 온습도 센서를 연결하고
블링크로 값을 확인하는 내용을 알아볼 거예요.
우선 온습도 센서를 연결한 뒤 값 표시기를 이용해 값을 표시할 거예요.

준비물

| 아두이노 UNO 1개 | ESP-01 1개 | 온습도 센서 1개 | 점퍼 와이어 9개 | 브레드보드 1개 |

아두이노 보드 연결은 **[회로도 7-1]**과 같이 해요. 그림을 보며 하나씩 따라 연결해주세요.

회로도 7-1 온습도 센서 사용하기

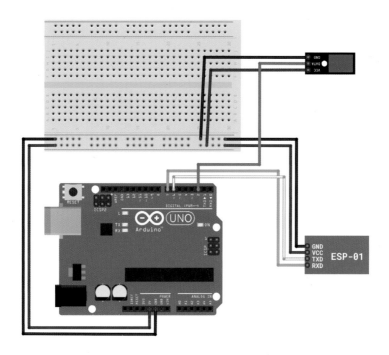

01 │ 아두이노의 5V와 브레드보드의 빨간선을 점퍼 와이어로 연결해주세요. 이렇게 하면 연결된 빨간 선 모두가 5V가 돼요.

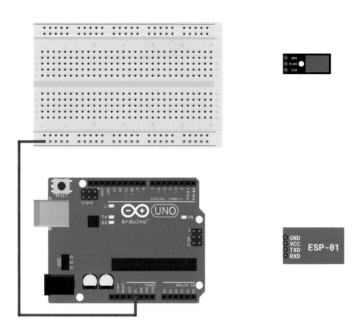

02 │ 아두이노의 GND와 브레드보드의 파란선을 점퍼 와이어로 연결해주세요. 이렇게 하면 연결된 파 란선 모두가 그라운드가 돼요.

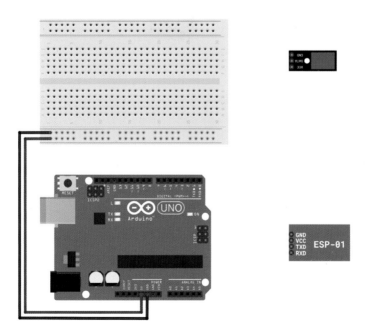

03 | ESP-01을 연결해주세요. ESP-01에 연결하는 핀은 이전과 동일해요.

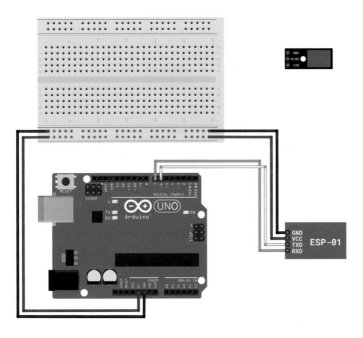

04 | 온습도 센서(https://bit.ly/3mlo6mM)의 VCC핀을 점퍼 와이어로 빨간선에 연결해주세요.

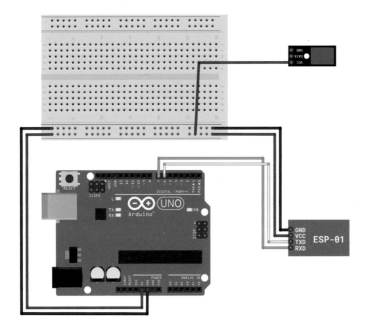

05 | 온습도 센서의 GND핀을 점퍼 와이어로 파란선에 연결해주세요.

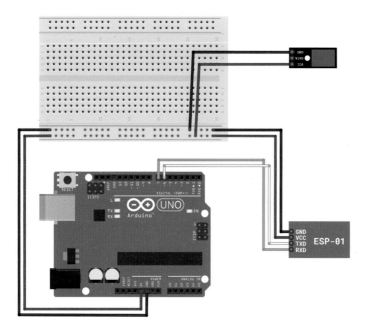

06 | 온습도 센서의 DATA핀을 점퍼 와이어로 아두이노 2번 핀에 연결해주세요.

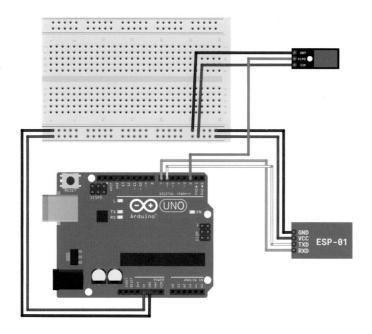

코드 7-1 온습도 센서 사용하기(bit.ly/3dnywR8)

```
1    #define BLYNK_PRINT Serial

2

3    #define BLYNK_TEMPLATE_ID ""

4    #define BLYNK_DEVICE_NAME ""

5    #define BLYNK_AUTH_TOKEN ""

6

7    #include <EduIntro.h>

8    #include <ESP8266_Lib.h>

9    #include <BlynkSimpleShieldEsp8266.h>

10   #include <SoftwareSerial.h>

11

12   #define ESP8266_BAUD 9600

13

14   SoftwareSerial EspSerial(6, 7); // RX, TX
```

```
15   ESP8266 wifi(&EspSerial);
16   BlynkTimer timer;
17
18   DHT11 dht11(D2);
19
20   char auth[] = BLYNK_AUTH_TOKEN;
21
22   char ssid[] = "YourNetworkName";
23   char pass[] = "YourPassword";
24
25   void dhtEvent() {
26     dht11.update();
27
28     int temperature = dht11.readCelsius();
29     int humidity = dht11.readHumidity();
30
31     Blynk.virtualWrite(0, temperature);
32     Blynk.virtualWrite(1, humidity);
33   }
34
35   void setup() {
36     Serial.begin(9600);
37     delay(10);
38
39     EspSerial.begin(ESP8266_BAUD);
40     delay(10);
41
42     Blynk.begin(auth, wifi, ssid, pass);
43
44     timer.setInterval(1000L, dhtEvent);
45   }
46
```

```
47   void loop() {
48      Blynk.run();
49      timer.run();
50   }
```

아두이노 IDE를 실행하고 새 스케치를 열어주세요. 'blynk.cloud'에서 앞에서 추가한 Youngjin 기기 페이지의 [Device Info] 탭을 보면, **[코드 7-1]**의 3~5번 줄에 있는 것과 같은 FIRMWARE CONFIGURATION 값들이 있는 것을 볼 수 있어요. 이 값들을 3~5번 줄에 덮어씌워 주세요. 그리고 22~23번 줄에 각각 WiFi SSID와 패스워드를 입력해주세요.

메뉴에서 [툴]-[라이브러리 관리...]를 클릭하면 라이브러리 매니저가 실행돼요. 여기서 'eduintro'를 검색해주세요. 아마 이미 기본으로 설치되어 있는 사람도 있을 거예요. 혹시 설치가 안 되어있다면 [설치] 버튼을 클릭해서 설치해주세요. 여기서 EduIntro의 온습도 센서 라이브러리를 사용할 것이므로 필요해요.

7번 줄에서 EduIntro 라이브러리를 사용하기 위해 헤더 파일을 추가했어요. 18번 줄에 DHT11 타입의 변수가 나오는데, 여기서 우리가 사용하는 온습도 센서가 바로 DHT11이에요. DHT11 타입의 변수를 선언하는데 앞에서 온습도 센서를 아두이노 2번 핀에 연결했기 때문에 인자 값에 D2를 넣었어요. 16번 줄을 보면 앞에서 버튼을 사용할 때처럼 타이머를 이용하기 위해 BlynkTimer 타입

의 변수를 선언했어요. 타이머를 이용해 1초마다 온습도를 확인할 거예요. 44번 줄에서 타이머의 주기를 1초로 설정하고, 반복할 때마다 dhtEvent 함수가 호출되도록 해놨어요. 그리고 loop 함수 안에 타이머가 동작되도록 49번 줄에 timer.run 명령어를 호출해요.

dhtEvent 함수 안을 살펴볼게요. 우선 26번 줄에서 온습도 센서의 값을 확인하기 위해 dht11. update 명령어를 호출해요. 그리고 28번 줄에서 dht11.readCelsius 명령어를 사용해 섭씨 온도 를 얻어서 temperature 변수에 저장해요. 또 29번 줄에서 dht11.readHumidity 명령어를 사 용해 습도를 얻어서 humidity 변수에 저장해요. 그리고 이렇게 저장된 값들을 31~32번 줄에서 Blynk.virtualWrite 명령어를 이용해 각각 가상 핀 V0, V1에 입력해요. 이렇게 하면 V0의 값에 온도 값이 들어가고 V1의 값에 습도 값이 들어가는데, 이를 통해 블링크에서 이 값들을 읽고 확인 할 수 있어요. 코드가 준비됐다면 아두이노에 업로드해 주세요.

'blynk.cloud'에서 Youngjin 템플릿 페이지로 이동하고 [Datastreams] 탭을 클릭한 후 기 존에 있는 모든 데이터스트림을 다 삭제해주세요. 모든 데이터스트림이 삭제됐다면 [New Datastream] 버튼을 클릭하고 [Virtual Pin]을 선택해주세요.

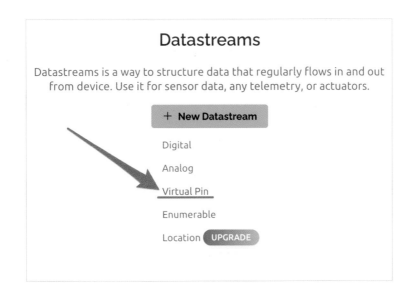

클릭하면 다음과 같이 다이얼로그가 떠요. 이 데이터스트림은 온도 센서의 값을 읽기 위해 사용하기 때문에 [NAME]과 [ALIAS] 모두 'TEMPERATURE'라 입력했어요. [PIN]은 'V0'을 선택하고 [DATA TYPE]은 'Integer'를 선택해주세요. [MIN]은 '0'을 입력하고 [MAX]는 '100'을 입력해주세요.

같은 방법으로 습도 센서를 위한 데이터스트림을 추가할 거예요. 이 데이터스트림은 습도 센서의 값을 읽기 위해 사용하기 때문에 [NAME]과 [ALIAS] 모두 'HUMIDITY'라 입력했어요. [PIN]은 'V1'을 선택하고 [DATA TYPE]은 'Integer'를 선택해주세요. [MIN]은 '0'을 입력하고 [MAX]는 '100'을 입력해주세요. 다 입력했다면 [Create] 버튼을 클릭해주세요. 다음으로 [Save And Apply] 버튼을 클릭해 저장해주세요.

Blynk IoT 모바일 앱을 열어주세요. 우측 상단의 기어 모양 아이콘처럼 생긴 [Developer Mode]를 선택해주세요.

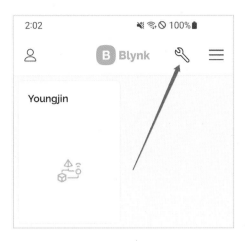

Developer Mode로 이동하면 앞에서 만든 Youngjin 템플릿을 선택해주세요.

편집 모드로 바뀐 다음에 기존에 있는 위젯을 드래그해서 우측 상단에 놓으면 삭제할 수 있어요.

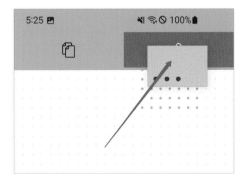

위젯 박스 메뉴에서 [Labeled Value]를 선택해서 추가해주세요.

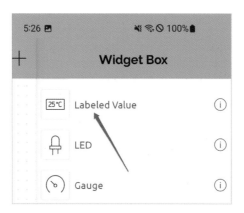

위젯 박스 메뉴에서 [Labeled Value]를 선택해서 설정 화면으로 들어가세요. 다음으로 데이터스트림을 선택해주세요. 아까 만든 'TEMPERATURE'라는 이름의 데이터스트림을 선택하면 돼요.

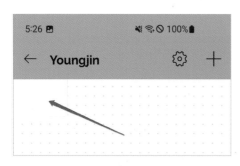

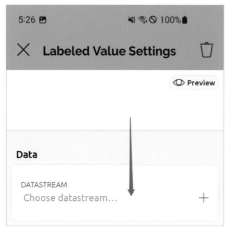

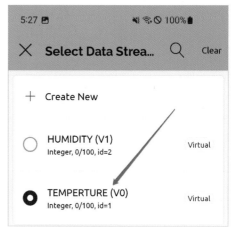

설정 화면에서 하단을 보면 [Settings]와 [Design] 탭을 선택할 수 있어요. 여기서 [Design] 탭을 선택해 주세요.

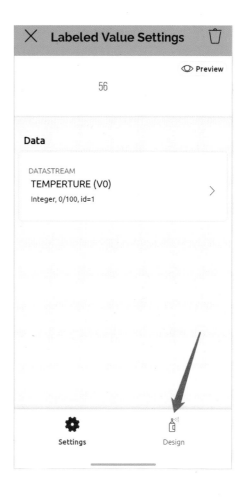

디자인 화면에서는 위젯의 이름이나 값이 표시되는 형태를 설정할 수 있어요. 우선 위젯의 이름을 구분하기 쉽게 '온도'로 설정해주세요.

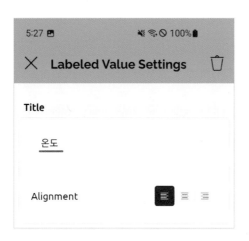

다음으로 값(Value) 관련 옵션을 보면 처음에는 /value/로 되어있는 것을 볼 수 있어요. 여기서 아두이노가 보내주는 온도는 소수점이 없는 정수지만, 만약 아두이노가 12.345678과 같은 실수를 보낸다고 하면 여기서 값이 표시되는 형태를 설정할 수 있어요. 나중에 실수를 받아서 표시하는 경우 다음을 참고해서 포맷을 설정해주세요.

◆ 값 : 12.345678

◆ /value/ : 12.345678(값 그대로 모두 표시)

◆ /value./ : 12(소수점을 제외한 정수만 표시)

◆ /value.#/ : 12.3(소수점 첫째 자리까지 표시)

◆ /value.##/ : 12.34(소수점 둘째 자리까지 표시)

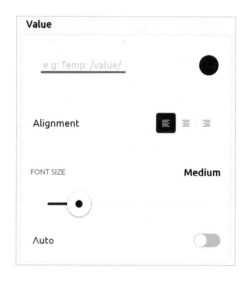

같은 방법으로 습도 값을 표시하는 값 표시기 위젯도 추가하고 설정해주세요. 습도는 [Pin]을 'V1'로 해주세요. 모두 완료하고 프로젝트를 실행하면 온도와 습도가 표시되는 것을 볼 수 있어요. 한번 온도계 근처에 손을 갖다 대거나 차갑거나 따뜻한 물체를 대서 온도가 바뀌는지 확인해보세요.

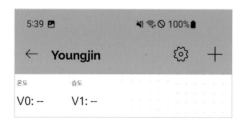

LCD 사용하기

이번에는 [Labeled Value]가 아니라 [LCD]를 이용해 온습도 센서의 값을 표시해볼 거예요.
Youngjin 템플릿 하단에 [LCD]를 추가해주세요.

추가한 [LCD]의 설정 화면으로 이동해주세요. 여기서도 마찬가지로 앞에서 사용한 데이터스트림
들을 사용할 거예요. 첫 번째에 'TEMPERATURE', 두 번째에 'HUMIDITY'를 선택해주세요.

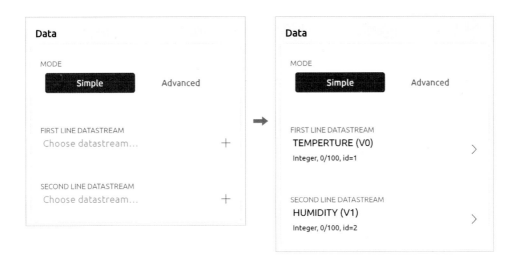

```
온도 : /value1/
습도 : /value2/
```

앞에서 [Labeled Value]에서 설정한 것과 같이 하단에서 [Design] 탭을 선택해주세요. 디자인 화면에서는 각 줄에 표시되는 형태를 설정할 수 있어요. **[코드 7-2]**와 같이 각 줄에 해당되는 값을 입력해주면 돼요. /value1/과 /value2/를 입력하면 다음 그림과 같이 바뀌는 것을 볼 수 있어요.

프로젝트를 실행하면 온도와 습도가 포맷에 맞춰 표시되는 것을 볼 수 있어요.

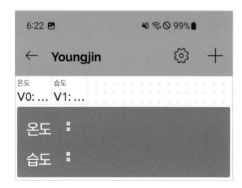 

08

일산화탄소 센서 사용하기

이번 파트에서는 아두이노에 일산화탄소 센서와 피에조 스피커를 연결하고
블링크로 제어하는 내용을 알아볼 거예요. 일산화탄소 센서는
화재가 발생하거나 가스가 누출되는 것을 감지할 수 있는 센서에요.

일산화탄소 센서 사용하기

준비물

| 아두이노 UNO
1개 | ESP-01 1개 | 피에조
스피커 1개 | 일산화탄소
센서 1개 | 점퍼 와이어
12개 | 브레드보드 1개 |

아두이노 보드 연결은 **[회로도 8-1]**과 같이 해요. 그림을 보며 하나씩 따라 연결해주세요.

회로도 8-1 일산화탄소 센서 사용하기

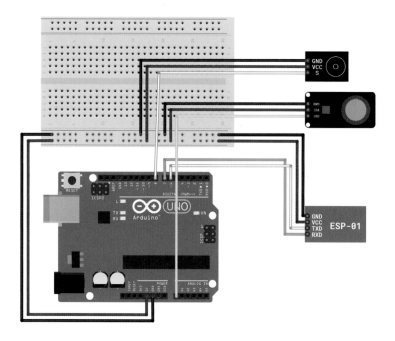

01 | 아두이노의 5V와 브레드보드의 빨간선을 점퍼 와이어로 연결해주세요. 이렇게 하면 연결된 빨간
선 모두가 5V가 돼요.

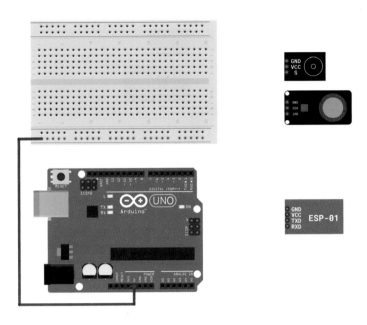

02 | 아두이노의 GND와 브레드보드의 파란선을 점퍼 와이어로 연결해주세요. 이렇게 하면 연결된 파
란선 모두가 그라운드가 돼요.

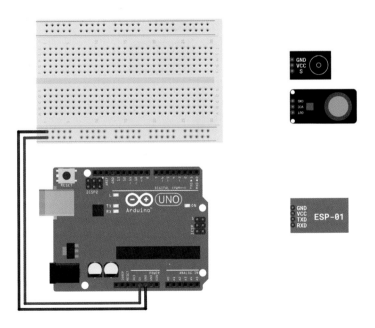

03 | ESP-01을 연결해주세요. ESP-01에 연결하는 핀은 이전과 동일해요.

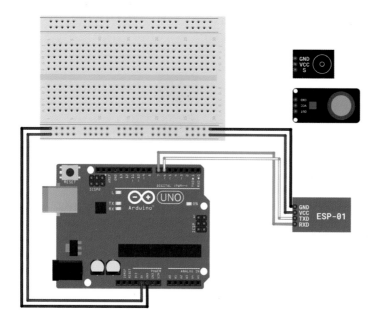

04 | 피에조 스피커를 연결해주세요. 피에조 스피커에 연결하는 핀은 이전과 동일해요.

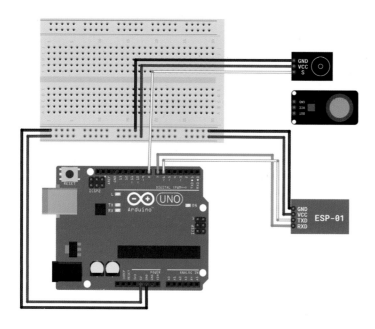

05 | 일산화탄소 센서(https://bit.ly/3ZpZVlt)의 GND핀을 점퍼 와이어로 파란선에 연결해주세요.

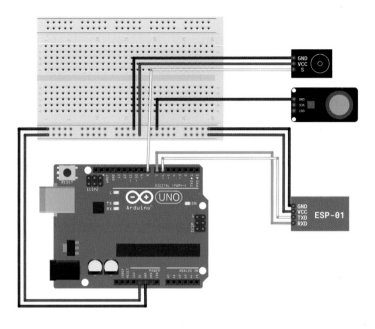

06 | 일산화탄소 센서의 VCC핀을 점퍼 와이어로 빨간선에 연결해주세요.

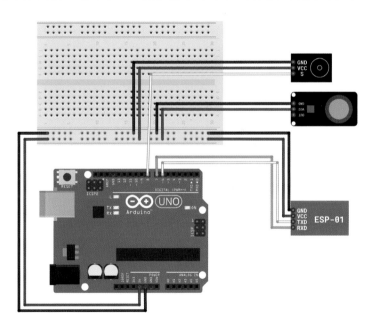

07 | 일산화탄소 센서의 OUT핀을 점퍼 와이어로 아두이노 A0번 핀에 연결해주세요.

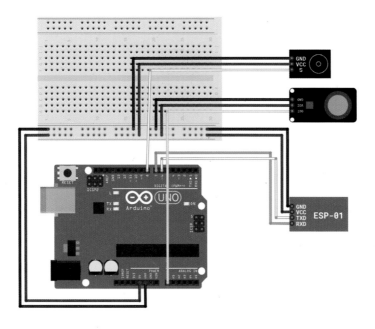

08 | 완성된 모습이에요!

```
1    #define BLYNK_PRINT Serial
2
3    #define BLYNK_TEMPLATE_ID ""
4    #define BLYNK_DEVICE_NAME ""
5    #define BLYNK_AUTH_TOKEN ""
6
7    #include <ESP8266_Lib.h>
8    #include <BlynkSimpleShieldEsp8266.h>
9    #include <SoftwareSerial.h>
10   #include <MQ7.h>
11
12   #define ESP8266_BAUD 9600
13   #define PIN_MQ7 A0
14   #define VOLTAGE 5
15   #define PIN_BUZZER 8
16
17   SoftwareSerial EspSerial(6, 7); // RX, TX
18   ESP8266 wifi(&EspSerial);
19   BlynkTimer timer;
20   MQ7 mq7(PIN_MQ7, VOLTAGE);
21
22   char auth[] = BLYNK_AUTH_TOKEN;
23
24   char ssid[] = "YourNetworkName";
25   char pass[] = "YourPassword";
26
27   void mq7Event() {
28     float co = mq7.readPpm();
29
30     if(co > 100) {
31       tone(PIN_BUZZER, 33);
32     } else {
```

```
33        noTone(PIN_BUZZER);
34      }
35
36      Blynk.virtualWrite(0, co);
37    }
38
39  void setup() {
40      Serial.begin(9600);
41      delay(10);
42
43      Serial.println("Calibrating MQ7");
44      mq7.calibrate();
45      Serial.println("Calibration done!");
46
47      EspSerial.begin(ESP8266_BAUD);
48      delay(10);
49
50      Blynk.begin(auth, wifi, ssid, pass);
51
52      timer.setInterval(1000L, mq7Event);
53    }
54
55  void loop() {
56      Blynk.run();
57      timer.run();
58    }
```

아두이노 IDE를 실행하고 새 스케치를 열어주세요. 'blynk.cloud'에서 앞에서 추가한 Youngjin 기기 페이지의 [Device Info] 탭을 보면, **[코드 8-1]**의 3~5번 줄에 있는 것과 같은 FIRMWARE CONFIGURATION 값들이 있는 것을 볼 수 있어요. 이 값들을 3~5번 줄에 덮어씌워 주세요. 그리고 24~25번 줄에 각각 WiFi SSID와 패스워드를 입력해주세요. 여기서 일산화탄소 센서 값을 확인하기 위해 MQ7 라이브러리를 사용하는데, 라이브러리 매니저를 이용해 설치해줘야 해요. 메뉴에서 [스케치]-[라이브러리 포함하기]-[라이브러리 관리...]를 클릭해주세요. 라이브러리 매니저가 표시되면 'mq7'을 검색하면 MQ7Sensor 라이브러리를 볼 수 있어요. 이 라이브러리를 설치해주세요.

10번 줄에서 MQ7 라이브러리를 불러왔고, 20번 줄에서 이에 대한 라이브러리 변수를 선언했어요. 여기서 PIN_MQ7와 VOLTAGE 매크로 상수를 이용하는 데, PIN_MQ7은 일산화탄소 센서가 연결된 A0번 핀을 나타내고, VOLTAGE는 아두이노의 동작 전압인 5V를 뜻해요. 이처럼 MQ7 라이브러리 변수를 이용할 때 사용하는 핀 정보와 동작 전압을 입력해 줘야 해요.

그리고 PART 05에서 버튼을 제어했을 때와 같이 여기서도 타이머를 이용해요. 52번 줄에서 1초마다 타이머가 동작되도록 설정하는데, 이때 실행되는 함수가 mq7Event예요. 이 함수가 실행되면 28번 줄에서 mq7.readPpm 명령어를 이용해 일산화탄소 값을 읽은 뒤 변수 co에 저장해요. 이렇게 저장되는 값은 PPM 단위로 되어있는데, 이 값을 30번 줄 if문에서 100ppm이 넘는지 확인하고 만약 넘는다면 31번 줄에서 피에조 스피커를 동작시키고, 아니라면 33번 줄에서 꺼지도록 해놨어요. 마지막으로 36번 줄에서 Blynk.virtualWrite 명령어를 이용해 V0번 핀에 변수 co 값을 넣어줘요.

'blynk.cloud'에서 Youngjin 템플릿 페이지로 이동하고 [Datastreams] 탭을 선택한 뒤 기존에 있는 모든 데이터스트림을 다 삭제해주세요. 모든 데이터스트림이 삭제됐다면 [New Datastream]버튼을 클릭하고 [Virtual Pin]을 선택해주세요.

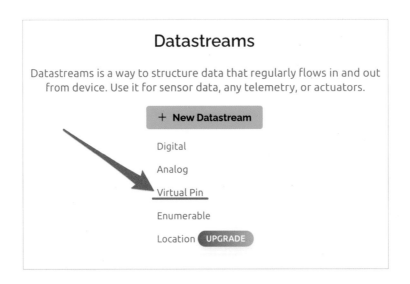

클릭하면 다음과 같이 다이얼로그가 떠요. 이 데이터스트림은 일산화탄소 센서의 값을 읽기 위해 사용하기 때문에 [NAME]과 [ALIAS] 모두 'CO'라 입력했어요. [Pin]은 'V0'을 선택하고 [DATA TYPE]은 'Double'를 선택해주세요. [MIN]은 '0'을 입력하고, [MAX]는 '1000'을 입력해주세요. 다음으로 [Save And Apply] 버튼을 클릭해 저장해주세요.

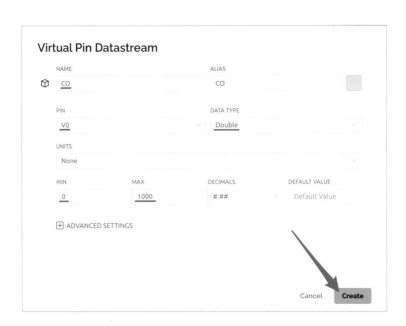

Blynk IoT 모바일 앱을 열어주세요. 우측 상단의 기어 모양 아이콘처럼 생긴 [Developer Mode]를 선택해주세요.

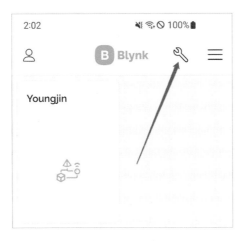

Developer Mode로 이동하면 앞에서 만든 Youngjin 템플릿을 선택해주세요.

편집 모드로 바뀐 다음에 기존에 있는 위젯을 드래그해서 우측 상단에 놓으면 삭제할 수 있어요.

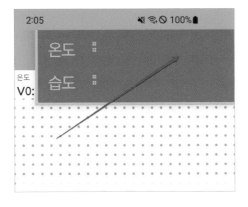

위젯 박스 메뉴에서 [Labeled Value]를 선택해서 추가해주세요.

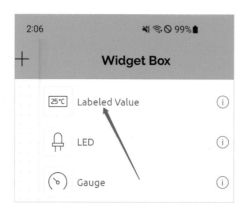

위젯 박스 메뉴에서 [Labeled Value]를 선택해서 설정 화면으로 들어가세요. 다음으로 데이터스트림을 선택해주세요. 아까 만든 'CO'라는 이름의 데이터스트림을 선택하면 돼요.

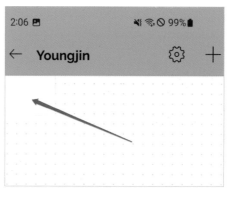

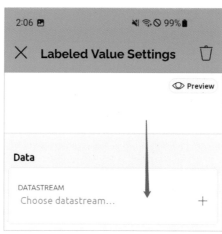

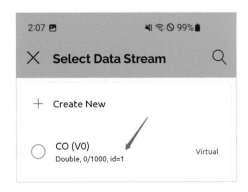

설정 화면에서 하단을 보면 [Settings]과 [Design] 탭을 선택할 수 있어요. 여기서 [Design] 탭을 선택해주세요.

디자인 화면에서는 위젯의 이름이나 값이 표시되는 형태를 설정할 수 있어요. 우선 위젯의 이름을 구분하기 쉽게 'CO'로 설정해주세요.

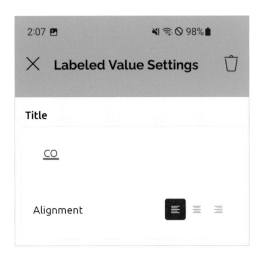

준비를 다하고 시리얼 모니터를 열고 아두이노를 동작시키면 처음에 'Calibrating MQ7'이 뜨는 것을 볼 수 있어요. 일산화탄소 센서 보정을 하는 건데 시간이 좀 걸려요. 기다리면 블링크 로고가 뜨면서 서버에 접속하는 것을 볼 수 있어요. 서버에 접속되면 블링크 앱에서 일산화탄소 값이 뜨는 것을 확인할 수 있어요. 그리고 부모님의 도움으로 일회용 라이터를 이용하여 가스만 나오도록 만들고 일산화탄소 센서에 가까이 대면, 값이 100ppm을 넘는 경우 피에조 스피커가 동작하는 것을 들을 수 있어요.

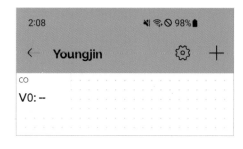

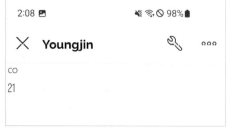

오토메이션 사용하기

앞에서 100ppm이 넘으면 피에조 스피커가 울리게 했어요. 그런데 이 조건을 낮춘다거나 높인다거나 하면 어떻게 해야 할까요? 아두이노 코드에서 값을 수정하고 다시 업로드해줘야 해요. 이와 같이 하는 게 다소 번거로울 수 있어요. 이 조건을 아두이노 코드에서 결정하는 게 아니라 블링크에서 설정하고 그에 따라 피에조 스피커가 울리게 만들 수 있어요. 이때 필요한 게 오토메이션 기능이에요.

코드 8-2 오토메이션 사용하기(bit.ly/3FQI9UP)

```
1   #define BLYNK_PRINT Serial
2
3   #define BLYNK_TEMPLATE_ID ""
4   #define BLYNK_DEVICE_NAME ""
5   #define BLYNK_AUTH_TOKEN ""
6
7   #include <ESP8266_Lib.h>
8   #include <BlynkSimpleShieldEsp8266.h>
9   #include <SoftwareSerial.h>
10  #include <MQ7.h>
11
12  #define ESP8266_BAUD 9600
13  #define PIN_MQ7 A0
14  #define VOLTAGE 5
15  #define PIN_BUZZER 8
16
17  SoftwareSerial EspSerial(6, 7); // RX, TX
18  ESP8266 wifi(&EspSerial);
19  BlynkTimer timer;
20  MQ7 mq7(PIN_MQ7, VOLTAGE);
21
22  char auth[] = BLYNK_AUTH_TOKEN;
```

```
23
24    char ssid[] = "YourNetworkName";
25    char pass[] = "YourPassword";
26
27    void mq7Event() {
28      float co = mq7.readPpm();
29
30      Blynk.virtualWrite(0, co);
31    }
32
33    BLYNK_WRITE(V1)
34    {
35      int pinData = param.asInt();
36
37      if (pinData) {
38        tone(PIN_BUZZER, 33);
39      } else {
40        noTone(PIN_BUZZER);
41      }
42    }
43
44
45    void setup() {
46      Serial.begin(9600);
47      delay(10);
48
49      Serial.println("Calibrating MQ7");
50      mq7.calibrate();
51      Serial.println("Calibration done!");
52
53      EspSerial.begin(ESP8266_BAUD);
54      delay(10);
55
```

```
56      Blynk.begin(auth, wifi, ssid, pass);

57

58      timer.setInterval(1000L, mq7Event);

59    }

60

61  void loop() {

62    Blynk.run();

63    timer.run();

64    }
```

아두이노 IDE를 실행하고 새 스케치를 열어주세요. 'blynk.cloud'에서 앞에서 추가한 Youngjin 기기 페이지의 [Device Info] 탭을 보면 [코드 8-2]의 3~5번 줄에 있는 것과 같은 FIRMWARE CONFIGURATION 값들이 있는 것을 볼 수 있어요. 이 값들을 3~5번 줄에 덮어씌워주세요. 그리고 24~25번 줄에 각각 WiFi SSID와 패스워드를 입력해주세요.

[코드 8-2]가 [코드 8-1]과 다른 점은 우선 mq7Event 함수에서 조건에 따라 피에조 스피커를 울리는 부분이 빠졌다는 거예요. 대신 33~42번 줄에 BLYNK_WRITE 함수를 추가했어요. 블링크에서 V1번 핀을 제어하면 이 함수를 통해 아두이노에서 그 값을 받아 피에조 스피커를 제어하도록 해봤어요. PART 03에서 피에조 스피커를 제어할 때와 똑같아요.

'blynk.cloud'에서 Youngjin 템플릿 페이지로 이동하고 [Datastreams] 탭을 선택한 뒤 다음과 같이 피에조 스피커를 위한 [Virtual Pin] 데이터스트림을 추가해주세요. [NAME]과 [ALIAS] 모두 'BUZZER'라 입력했어요. [Pin]은 'V1'을 선택하고 [DATA TYPE]은 'Integer'를 선택해주세요. [MIN]은 '0'을 입력하고 [MAX]는 '1'을 입력해주세요. 모두 입력했다면 [Create] 버튼을 클릭해주세요. 다음으로 [Save And Apply] 버튼을 클릭해 저장해주세요.

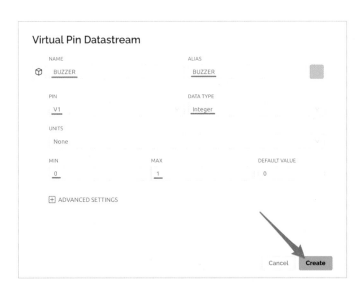

Blynk IoT 모바일 앱을 열어주세요. 우측 상단의 기어 모양 아이콘처럼 생긴 [Developer Mode]를 선택해주세요.

Developer Mode로 이동하면 앞에서 만든 Youngjin 템플릿을 선택해주세요.

상단 탭에서 기어 모양 설정 버튼을 클릭하고, 설정 화면 하단의 [Datastreams] 탭을 선택해주세요.

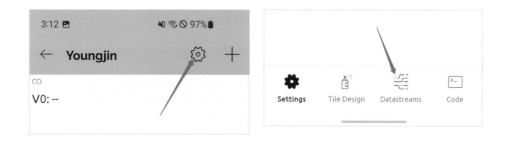

[Datastreams] 탭으로 이동하면 등록된 데이터스트림들을 볼 수 있어요. 이 중 [CO]를 선택해주세요.

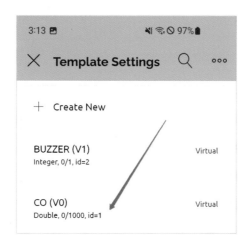

우측 상단에 메뉴 버튼을 클릭하면 메뉴가 표시되는 데 여기서 [Edit]를 클릭해주세요.

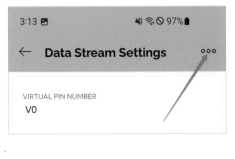

데이터스트림 세부 화면으로 이동하면 맨 아래 오토메이션 관련 설정을 볼 수 있어요. [Expose to automation](오토메이션에 표시하기) 기능을 켜주세요. 그럼 그 밑에 추가 설정이 표시되는 것을 볼 수 있어요. V0은 오토메이션에서 조건으로서 사용할 것이므로 [Available in Conditions](조건에서 사용하기)를 켜주세요.

같은 방법으로 BUZZER 데이터스트림 세부 화면으로 이동한 뒤 [Expose to automation] 기능을 켜주세요. V1은 앞에서 V0의 조건이 충족됐을 때 제어하기 위한 용도이기 때문에 [Available in Actions]를 켜주세요.

블링크 앱의 가장 상단 홈 화면으로 돌아온 뒤 하단의 [Automations] 탭을 선택해주세요. 오토메이션 화면으로 이동하면 아직 등록한 오토메이션이 없기 때문에 [Add Automation](오토메이션 추가) 버튼이 있는 것을 볼 수 있어요. 버튼을 클릭해주세요.

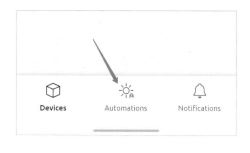

여러 종류의 오토메이션을 선택할 수 있는데, 여기서는 일산화탄소 값에 따라 동작하는 오토메이션을 추가할 것이므로 [Device State]를 선택해주세요.

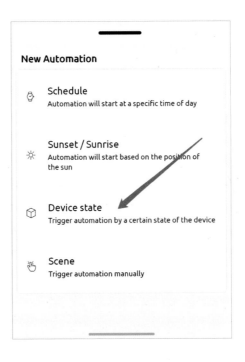

선택하면 기기 목록이 표시되고, 여기서 [Youngjin]을 선택해주세요. 그리고 사용 가능한 조건용 데이터스트림들이 표시되는데 [CO]를 선택해주세요.

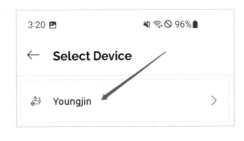

조건을 설정하는 화면으로 이동하면 일산화탄소 수치가 30 이상일 때 피에조 스피커가 울리도록 할 것이므로, [is greater than …](이상)을 선택하고 값에 '30'을 입력해주세요. 만약 여러분이 값을 조정하고 싶다면 '30'이 아닌 다른 값을 입력하면 돼요.

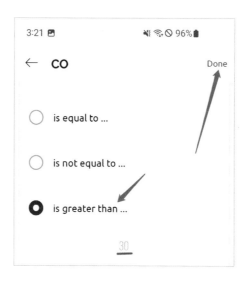

다음으로 [Add action](동작 추가)를 선택해주세요. 마찬가지로 다양한 동작을 선택할 수 있는데, 여기서 [Control device](기기 제어)를 선택해주세요.

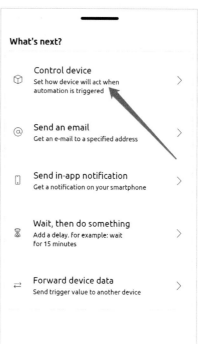

선택하면 기기 목록이 표시되고, 여기서 [Youngjin]을 선택해주세요. 그리고 사용 가능한 동작용 데이터스트림들이 표시되는 데 [BUZZER]를 선택해주세요. BUZZER 데이터스트림을 선택하면 우측에 토글 스위치가 표시되면, 토글 스위치를 켜주세요. 이러면 조건이 충족됐을 때 BUZZER 데이터스트림을 켠다는 뜻인데, BUZZER 데이터스트림의 값을 1로 설정하게 된다는 뜻이에요. 이 값이 [코드 8-2]의 35번 줄 pinData에 들어가고, 1이면 38번 줄로 이동해서 피에조 스피커가 켜지고, 0이면 40번 줄로 이동해 피에조 스피커가 꺼져요.

동작을 추가한 뒤 아래를 보면 [NAME AND COVER](이름과 커버)를 설정할 수 있어요. 이 부분을 클릭한 뒤 원하는 이름을 설정해주세요. 여기서는 'CO Alert'으로 설정했어요.

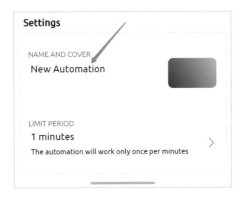
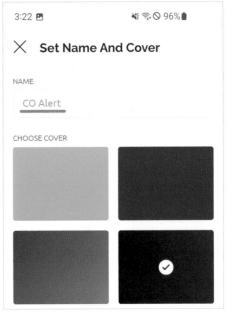

모두 입력했다면 우측 상단에 [Done] 버튼을 클릭해주세요. 그럼 오토메이션이 등록되고, 일산화 탄소 수치가 30을 넘었을 때 피에조 스피커가 울리는 것을 확인할 수 있어요. 그리고 기준 수치를 바꾸고 싶다면 오토메이션 설정 화면에서 값을 바꿔주기만 하면 돼요.

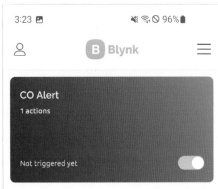

PART

09

PIR 센서 사용하기

이번 파트에서는 아두이노에 PIR 센서를 연결하고
블링크로 제어하는 내용을 알아볼 거예요.
PIR 센서는 건물 계단 사이나 복도에서 사람이 지나가는 것을
감지해 불을 켤 때 많이 사용하는 센서예요.

PIR 센서 사용하기

준비물

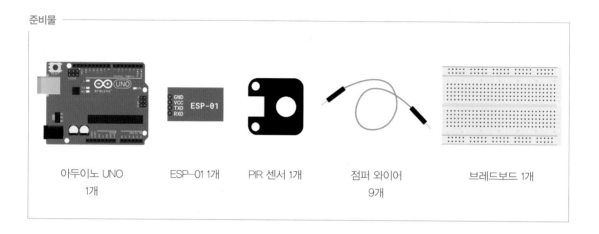

| 아두이노 UNO
1개 | ESP-01 1개 | PIR 센서 1개 | 점퍼 와이어
9개 | 브레드보드 1개 |

아두이노 보드 연결은 [회로도 9-1]과 같이해요. 그림을 보며 하나씩 따라 연결해주세요.

회로도 9-1 PIR 센서 사용하기

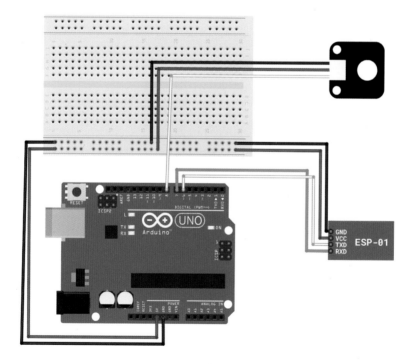

01 │ 아두이노의 5V와 브레드보드의 빨간선을 점퍼 와이어로 연결해주세요. 이렇게 하면 연결된 빨간 선 모두가 5V가 돼요.

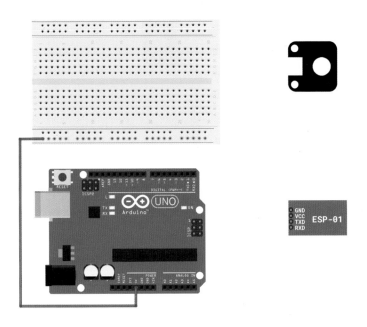

02 │ 아두이노의 GND와 브레드보드의 파란선을 점퍼 와이어로 연결해주세요. 이렇게 하면 연결된 파란선 모두가 그라운드가 돼요.

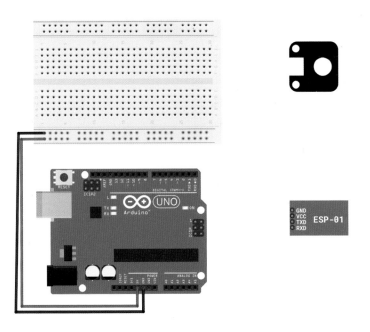

03 | ESP–01을 연결해주세요. ESP–01에 연결하는 핀은 이전과 동일해요.

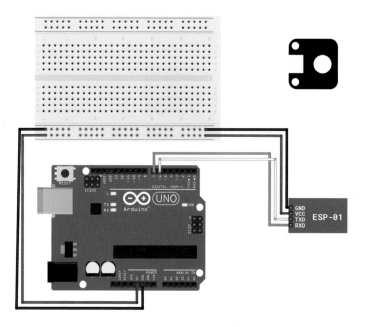

04 | PIR 센서(https://bit.ly/41PO1cq)의 GND핀을 점퍼 와이어로 파란선에 연결해주세요.

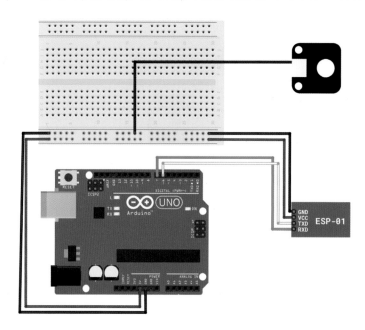

05 │ PIR 센서의 VCC핀을 점퍼 와이어로 빨간선에 연결해주세요.

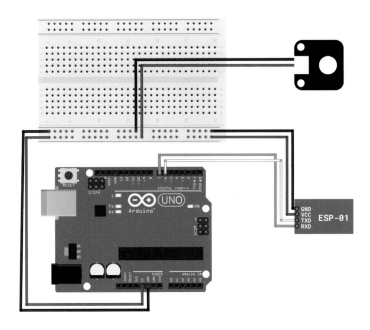

06 │ PIR 센서의 OUT핀을 점퍼 와이어로 아두이노 8번 핀에 연결해주세요.

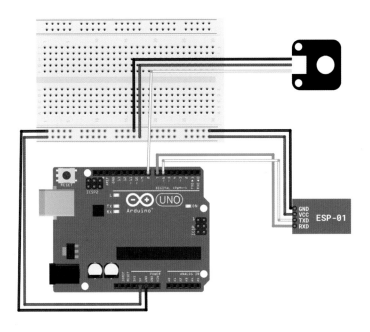

코드 9-1 PIR 센서 사용하기(bit.ly/3rdbyCP)

```
1    #define BLYNK_PRINT Serial

2

3    #define BLYNK_TEMPLATE_ID ""

4    #define BLYNK_DEVICE_NAME ""

5    #define BLYNK_AUTH_TOKEN ""

6

7    #include <ESP8266_Lib.h>

8    #include <BlynkSimpleShieldEsp8266.h>

9    #include <SoftwareSerial.h>

10

11   #define ESP8266_BAUD 9600

12   #define PIN_PIR 8

13

14   SoftwareSerial EspSerial(6, 7); // RX, TX
```

```
15    ESP8266 wifi(&EspSerial);
16    BlynkTimer timer;
17
18    char auth[] = BLYNK_AUTH_TOKEN;
19
20    char ssid[] = "YourNetworkName";
21    char pass[] = "YourPassword";
22
23    uint8_t pState = LOW;
24
25    void pirEvent() {
26      uint8_t state = digitalRead(PIN_PIR);
27
28      if (state == HIGH && pState == LOW) {
29        Blynk.virtualWrite(V0, "Someone is here!!\r\n");
30      }
31
32      pState = state;
33    }
34
35    void setup() {
36      Serial.begin(9600);
37      delay(10);
38
39      EspSerial.begin(ESP8266_BAUD);
40      delay(10);
41
42      Blynk.begin(auth, wifi, ssid, pass);
43
44      pinMode(PIN_PIR, INPUT);
45
46      timer.setInterval(100L, pirEvent);
47    }
```

```
48
49    void loop() {
50      Blynk.run();
51      timer.run();
52    }
```

아두이노 IDE를 실행하고 새 스케치를 열어주세요. 'blynk.cloud'에서 앞에서 추가한 Youngjin 기기 페이지의 [Device Info] 탭을 보면, [코드 9-1]의 3~5번 줄에 있는 것과 같은 FIRMWARE CONFIGURATION 값들이 있는 것을 볼 수 있어요. 이 값들을 3~5번 줄에 덮어씌워 주세요. 그리고 20~21번 줄에 각각 WiFi SSID와 패스워드를 입력해주세요. PIR 센서를 확인하기 위해 타이머를 사용할 거예요. 16번 줄에서 BlynkTimer 변수를 선언하고, 46번 줄에서 주기를 0.1초 그리고 매번 pirEvent 함수가 호출되도록 설정했어요. 그리고 타이머가 동작하기 위해 50번 줄에서 timer.run 명령어를 호출해요.

PIR 센서는 버튼과 같아요. pirEvent 함수를 보면 digitalRead를 이용해 PIR 센서가 연결된 핀의 값을 읽는 것을 볼 수 있어요. 이 상태가 LOW일 때는 인식이 안 된 거고, HIGH일 때 인식이 된 거예요. 따라서 이전 상태인 pState 값이 LOW였다가 현재 상태 값이 HIGH면 PIR 센서가 사물을 감지한 거예요. PIR 센서가 감지하면 여기서는 터미널에 메시지를 보내줘요. 이때 가상 핀이 필요한 데 여기서는 V0번 핀을 사용해요. 다시 pirEvent 함수로 돌아와서 29번 줄을 보면 사물을 감지했을 때 터미널로 메시지를 보내요. 29번 줄에서 virtualWrite 명령어를 이용해 'Someone is here!'이란 글자를 터미널로 전송해요.

'blynk.cloud'에서 Youngjin 템플릿 페이지로 이동하고 [Datastreams] 탭을 클릭한 후 기존에 있는 모든 데이터스트림을 다 삭제해주세요. 모든 데이터스트림이 삭제됐다면 [New Datastream] 버튼을 클릭하고 [Virtual Pin]을 선택해주세요. 클릭하면 다음과 같이 다이얼로그가 떠요. 이 데이터스트림은 터미널과 통신하기 위해 사용하기 때문에 [NAME]과 [ALIAS] 모두 'TERMINAL'이라 입력했어요. [Pin]은 'V0'을 선택하고 [DATA TYPE]은 'String'을 선택해주세요. 다음으로 [Save And Apply] 버튼을 클릭해 저장해주세요.

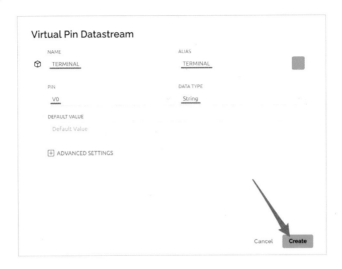

Blynk IoT 모바일 앱을 열어주세요. 우측 상단의 기어 모양 아이콘처럼 생긴 [Developer Mode]를 선택해주세요.

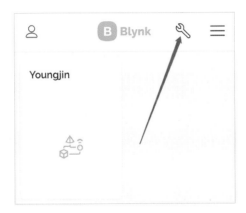

Developer Mode로 이동하면 앞에서 만든 Youngjin 템플릿을 선택해주세요.

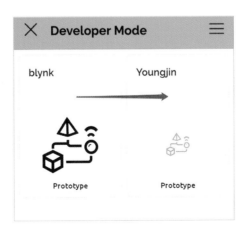

편집 모드로 바뀐 다음에 기존에 있는 위젯을 드래그해서 우측 상단에 놓으면 삭제할 수 있어요.

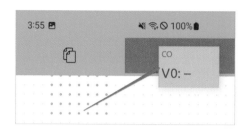

위젯 박스 메뉴에서 [Terminal]을 선택해서 추가해주세요.

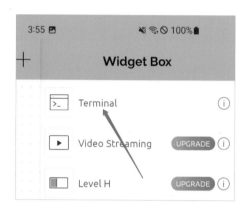

위젯 박스 메뉴에서 [Terminal]을 선택해서 설정 화면으로 들어가 주세요. 다음으로 데이터스트림을 선택해주세요. 아까 만든 'TERMINAL'이라는 이름의 데이터스트림을 선택하면 돼요.

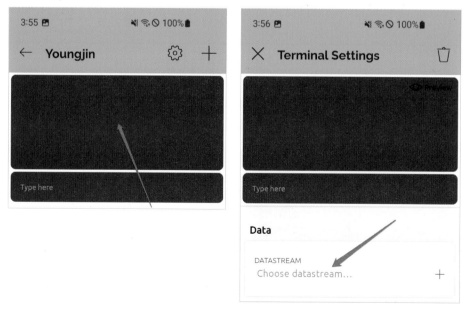

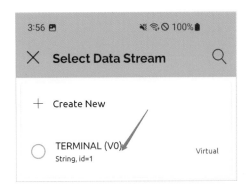

프로젝트를 실행해주세요. 실행하고 손이나 사물을 PIR 센서 근처에 대면 블링크 쪽 터미널에 'Someone is here!!'이란 메시지가 표시돼요. 한 번 터미널에 표시되는 메시지를 수정해보세요.

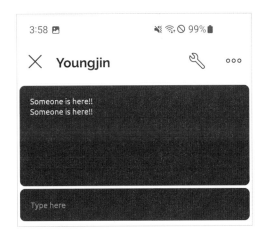

앞에서 PIR 센서가 감지하면 터미널에 메시지가 출력되게 했어요. 만약 터미널에 메시지가 출력되는 게 아니라 스마트폰에 알림이 뜨면 얼마나 좋을까요? 블링크를 이용해 스마트폰 알림이 울리도록 만들 수 있어요. 코드는 [코드 9-1]을 그대로 사용해요.

Blynk IoT 모바일 앱을 열어주세요. 우측 상단의 [Developer Mode]를 선택해주세요.

Developer Mode로 이동하면 앞에서 만든 Youngjin 템플릿을 선택해주세요.

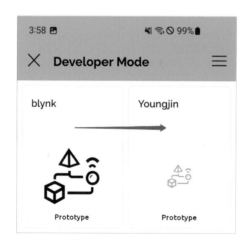

상단 탭에서 기어 모양 설정 버튼을 클릭하고, 설정 화면 하단의 [Datastreams] 탭을 선택해주세요.

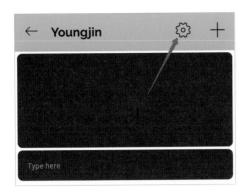 

[Datastreams] 탭으로 이동하면 등록된 데이터스트림들을 볼 수 있어요. 이 중 [TERMINAL]을 선택해주세요.

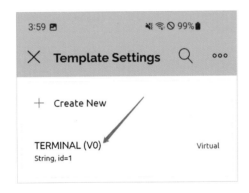

우측 상단에 메뉴 버튼을 클릭하면 메뉴가 표시되는데 여기서 [Edit]를 클릭해주세요.

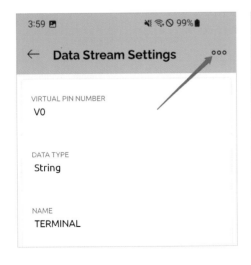 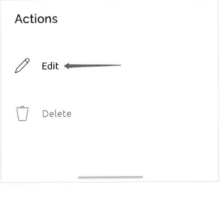

데이터스트림 세부 화면으로 이동하면 맨 아래 오토메이션 관련 설정을 볼 수 있어요. [Expose to automation](오토메이션에 표시하기)를 켜주세요. 그럼 그 밑에 추가 설정이 표시되는 것을 볼 수 있어요. V0은 오토메이션에서 조건으로서 사용할 것이므로 [Available in Conditions](조건에서 사용하기)를 켜주세요.

블링크 앱의 가장 상단 홈 화면으로 돌아온 뒤 하단의 [Automations] 탭을 선택해주세요. 오토메이션 화면으로 이동하면 아직 등록한 오토메이션이 없기 때문에 [Add Automation] 버튼이 있는 것을 볼 수 있어요. 버튼을 클릭해주세요.

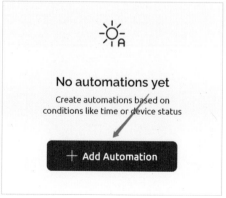

여러 종류의 오토메이션을 선택할 수 있는데, 여기서는 TERMINAL 데이터스트림 값에 따라 동작하는 오토메이션을 추가할 것이므로 [Device state]를 선택해주세요.

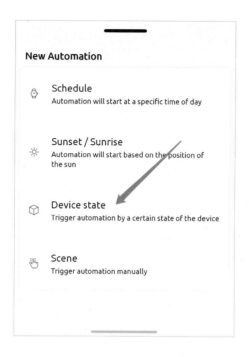

선택하면 기기 목록이 표시되고, 여기서 [Youngjin]을 선택해주세요. 그리고 사용 가능한 조건용 데이터스트림들이 표시되는데 [TERMINAL]을 선택해주세요.

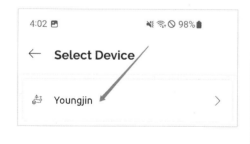

조건을 설정하는 화면으로 이동하면 V0 값이 입력될 때마다 동작하도록 하기 위해서 [is any]를 선택해주세요.

다음으로 [Add action](동작 추가)를 선택해주세요. 마찬가지로 다양한 동작을 선택할 수 있는데, 여기서 [Send in-app notification](인 앱 알림 사용하기)를 선택해주세요.

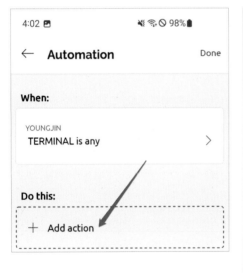

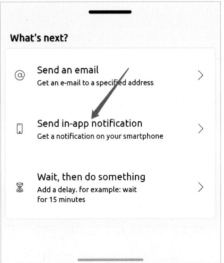

다음으로 알림 설정하는 화면으로 이동해요. 여기서 [TITLE] 쪽에 있는 추가 버튼을 클릭해주세요.

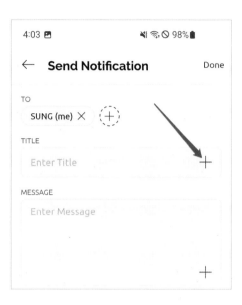

제목으로 설정할 수 있는 값을 선택할 수 있는데, 여기서 [Device name]을 선택해주세요.

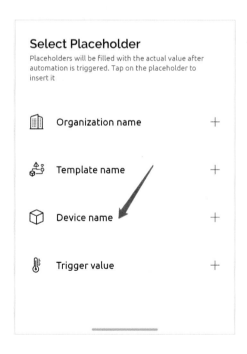

다음으로 [MESSAGE] 쪽에 있는 추가 버튼을 클릭해주세요.

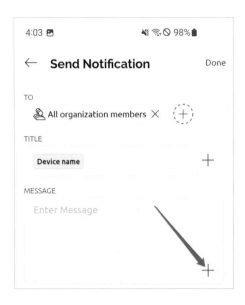

마찬가지로 내용으로 사용할 수 있는 값들이 표시되는데, 이 중 [Trigger Value]을 선택해주세요. 여기서 감지 값은 TERMINAL 데이터스트림의 값이 돼요. 다 입력했다면 [Done] 버튼을 클릭해주세요.

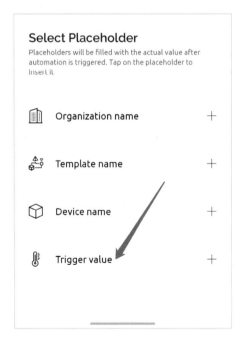
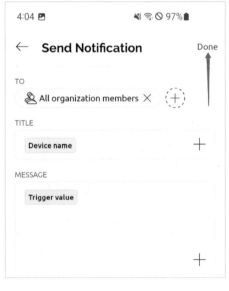

동작을 추가한 뒤 아래를 보면 [NAME AND COVER]를 설정할 수 있어요. 이 부분을 클릭한 뒤 원하는 이름을 설정해주세요. 여기서는 'PIR Alert'으로 설정했어요.

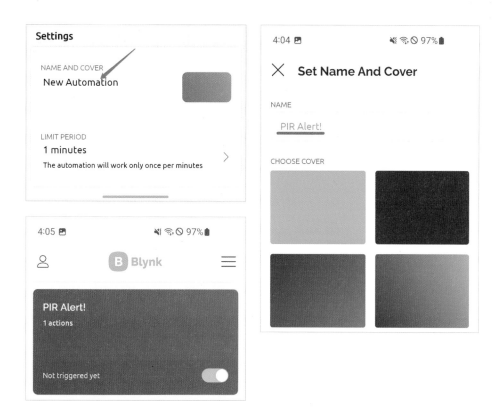

오토메이션을 등록하고 프로젝트를 실행해주세요. 손이나 사물을 PIR 센서 근처에 대면 블링크 쪽 터미널에 'Someone is here!!'이란 메시지가 표시되고, 스마트폰에 똑같이 푸시 알림이 뜨는 것을 볼 수 있어요. 한 번 푸시 알림에 표시되는 메시지를 수정해보세요.

Index

아두이노 IoT
상상을 현실로 만드는 프로젝트 with 블링크

1판 1쇄 발행   2023년 3월 31일

저   자 | 이준혁
발 행 인 | 김길수
발 행 처 | ㈜영진닷컴
주   소 | (우)08507 서울 금천구 가산디지털1로 128
            STX–V타워 4층 401호
등   록 | 2007. 4. 27. 제16-4189호

©2023. ㈜영진닷컴

ISBN | 978-89-314-6796-3

YoungJin.com Y. 영진닷컴